老HRD手把手系列丛书

老HRD
手把手教你
做薪酬

精进版

贺清君　著

COMPENSATION
MANAGEMENT

中国法制出版社
CHINA LEGAL PUBLISHING HOUSE

目 录
Contents

第1章

薪酬管理战略——
站得高方可望得远

导语

　　薪酬战略是企业薪酬管理工作的行动指南。薪酬战略传递着企业的经营价值观和经营理念，通过制订和实施适合企业的薪酬战略，企业可以在顶层管理架构上构建适合企业自身的薪酬管理体系。

带着问题阅读：

- 薪酬管理的主要痛点有哪些？
- 薪酬战略价值观有哪些影响？
- 薪酬架构设计包括哪些要素？
- 薪酬结构设计都有哪些门道？

第1节 ┃ 企业薪酬管理之痛

薪酬管理对任何一个企业管理者而言都是比较棘手和容易感到困惑的管理难题。企业的薪酬管理一般要同时达到公平性、有效性和合法性三大目标，但是就薪酬管理而言除了要符合相关法律法规的要求，事实上也越来越受到企业实际经营的限制，如企业的经济承受能力、企业不同时期的薪酬战略、核心人才的有效激励，以及针对行业竞争者的薪酬策略等。

在高人力成本时代，薪酬一直是很多企业的心病，自企业创业之初就一直困扰着企业的经营管理者。笔者总结了以下企业薪酬管理之痛。

1.薪酬成本上涨但员工满意度下降

对于经济效益稍微好一点的企业，虽然企业盈利不错，但是薪酬成本一直在上涨。大家只要看看各个城市每年公布的上年度社会平均工资就可以看出来。

薪酬总体上涨，但是员工满意度没有上涨，高房价、高物价等导致员工生活成本居高不下，每个员工都希望高薪，但是企业总体承受能力有限，导致核心骨干离职……这些闹心事一直困扰着很多企业老板。

2.高薪酬低绩效

有些员工拿着较高的薪酬，而实际贡献平平，如果和他谈下调薪酬人家就可能和公司说拜拜。哪些员工的薪酬可以动一动，哪些动不得，这让老板们很闹心。

特别是那些拿着高工资而业绩平平的员工，对团队斗志的伤害很大！

3.薪酬能上不能下

员工加薪自然暗自窃喜，但是一旦企业效益不好要给员工下调薪酬，就涉及方方面面的问题，情况严重的甚至会有员工提起仲裁，让老板们头疼不已！

4.薪酬调整缺乏依据

个别核心骨干提出加薪，作为老板究竟如何决策？竞争对手同岗位的薪酬待遇如何？企业给高了还是给低了？这些问题让很多老板感到困惑。

5.没有完整的管理体系

很多老板认为"员工给我打工，我支付工资"是天经地义的事情，谈不上什么薪酬战略和战术问题，更不需要烦琐的薪酬制度。很多管理者并没有把薪酬管理作为企业战略目标实现及企业管理的重要手段和工具。

6.内部公平流于形式

由于企业缺乏薪酬实施策略和思路，和员工进行薪酬谈判的能力差异比较大，导致在企业不同时期进入公司的不同岗位员工薪酬差距越来越大。在没有及时建立规范的薪酬职级体系的情况下，时间长了会导致恶性循环：世上没有不透风的墙，一旦薪酬泄密轻则让员工失去斗志导致团队效率低下，重则导致部分核心骨干离职。

当然，企业薪酬管理还有很多痛点和困惑，其核心原因在于：

- 企业不重视薪酬管理：一些企业老板认为薪酬是自己掌控的事情，爱怎么办就怎么办；
- 缺乏规范的薪酬管理制度：在企业发展过程中没有及时建立科学规范的薪酬管理体系，形成适合企业发展的管控机制；

- 缺少专业化的薪酬管理人才：薪酬管理的知识和技能，特别是丰富的管理经验，是企业发展过程中必不可少的。

很多企业老板看不到规范化薪酬管理能给企业带来的好处，最终会陷入薪酬管理的困境。

第2节 | 薪酬实施战略选择

企业薪酬体系设计的一个重要原则是和企业战略匹配，即符合公司整体战略的发展需要，薪酬体系的建立必须和公司经营战略以及人才战略相匹配。

制定有竞争力的、科学的薪酬战略，对于企业经营成败至关重要。企业在制定薪酬战略时务必考虑好影响企业薪酬的内外部关键因素。

影响薪酬的外部因素主要包括：

● 宏观经济环境：如GDP（国内生产总值）、CPI（消费者物价指数）、物价、房价以及租金等；

● 地区及行业差别：如公司所在地区税收政策、公司所处行业是朝阳产业还是夕阳产业等；

● 劳动力市场结构：如青年老年比例、人口老龄化趋势等；

● 劳动力市场的供求关系：哪些人才饱和、哪些人才供求平衡、哪些人才稀缺；

● 与薪酬相关的法律法规及部门规章（如最低工资标准）；

● 劳动力市场价格水平。

影响薪酬的内部因素主要包括：

● 企业负担能力：企业要根据盈利情况确定承担能力；

● 企业经营状况：企业是盈利还是亏损；

● 企业所处生命周期阶段：公司是处于成长期、成熟期还是衰退期；

● 竞争对手：如竞争对手的市场战略、成长速度、人才策略等；

- 薪酬政策：企业的薪酬策略是领先型、跟随型还是差异型；
- 人才价值观：企业对不同人才的价值观和重视人才的程度。

薪酬战略决定了薪酬实施的策略，对于薪酬总体实施的战略分析如下。

表 1-1　企业薪酬实施战略选择

薪酬战略	主要优点	主要缺点	适用范围
领先	对人才吸引力大，员工满意度高	企业固定运营成本太高	快速爆发发展阶段，市场领先策略
跟随	平衡公司发展和人力成本	必须加强薪酬调查频率	在业界具有相对竞争力的企业
居后	公司运营成本低	人才极易流失	企业发展初级阶段，薪酬承受力有限
差异	符合 2∶8 规则，关键骨干人员薪酬领先、普通员工薪酬跟随	市场战略要清晰，人才薪酬策略调整要及时	适合中小企业，在业界某些领域具有一定竞争力

薪酬战略和企业经营环境应该匹配，影响因素主要包括宏观经济环境、产业环境和企业内部环境三个层面。

1.宏观经济环境对薪酬战略选择的影响

宏观经济环境主要指国家宏观经济状况，如GDP增长率，CPI，企业景气指数，失业率，人均可支配收入和社会福利状况，若人均可支配收入高、社会福利好、社会的经济运作环境好，则企业盈利的机会多，薪酬水平就会逐步提升。

2.产业环境对薪酬战略选择的影响

产业环境主要包括企业所处产业的结构、竞争状况和利润水平。企业所处的产业不同，薪酬战略也不同。在制造业，员工的薪酬主要以工作时间或工作量为标准，薪酬支付结构以短期薪酬为主，薪酬制度缺乏弹性；而知识含量高的产业就会自发地要求变革，薪酬决定标准倾向于技能和团队绩效，薪酬支付结构中有较大比重的长期激励、变动薪酬和非经济报酬，由此要求薪酬制度必须具有弹性。

产业竞争越激烈，企业的生存压力越大，对业绩的重视就会高于竞争缓和的企业，薪酬决定标准注重业绩，薪酬支付结构注重短期激励和变动薪酬。产业经济状况好，产业中员工的薪酬水平就会高于一般市场水平，反之亦然。

3.企业内部环境对薪酬战略选择的影响

企业内部环境，也称企业内部条件，是指企业内部的物质和文化环境的总和，企业内部环境主要包括企业资源、管理能力及企业文化等关键要素。

以企业文化为例，企业文化体现着企业价值观和经营理念，公司管理者选择什么样的薪酬价值分配理念，愿意超前做价值分享还是喜欢稳健经营，这些都影响企业的薪酬战略。

俗话说"没有金刚钻，不揽瓷器活"，企业内部环境是企业内部与战略有重要关联的因素，是企业经营的基础，是制定企业经营战略包括薪酬战略的出发点和重要依据。

第3节 ▎ **薪酬主要实施策略**

企业薪酬战略是企业薪酬管理的指南针，是企业人力资源战略规划的重要组成部分。企业通过制订和实施适合企业的薪酬战略，可以对不同职务和岗位的员工做出清晰的方向指引，实现最有效的激励，核心目的是为实现企业经营战略目标提供支撑。

任何战略的实施都要有战术配合，即战略要有明确的实施策略。

1. 企业生命周期与薪酬策略选择

企业生命周期分为初始期、成长期、成熟期和衰退期四个阶段，在不同的阶段，薪酬策略的需求不同。

表1-2　企业生命周期与薪酬策略

成长期	主要特征	薪酬策略	备注
初始期	企业对资金的需求量大，希望员工能和企业共担风雨、共享成果，业绩和薪酬挂钩	变动薪酬或长期激励	薪酬制度弹性大
成长期	企业管理逐渐规范，薪酬决定标准仍重视业绩和技能，但开始重视资历等要素	固定薪酬和短期薪酬日渐增加，长期薪酬和变动薪酬的比重有所下降	薪酬制度弹性+刚性并重
成熟期	企业有大量的现金收入，企业文化基本成型，薪酬管理相对稳定和规范	高固定薪酬的激励作用比较显著，长期薪酬的比重有所下降，非经济报酬逐渐受到重视	薪酬制度偏刚性
衰退期	企业的市场份额和盈利能力日渐衰退，员工人心不稳	薪酬决定标准以业绩薪酬和技能薪酬为主	薪酬制度偏弹性

2.企业经济效益与薪酬策略选择

表 1-3　企业经济效益与薪酬策略

效益	主要特征	薪酬策略	备注
特别好	行业优势明显，盈利可持续	通过薪酬激励，增加优秀人才储备	薪酬弹性大
一般	竞争激励，盈利不稳定	未雨绸缪，做好员工中长期激励	薪酬弹性可控
亏损	竞争惨烈，行业走下坡路	做好转型规划，通过机制变革留住核心人才	严控薪酬弹性

3.薪酬体系实施复杂度

薪酬体系实施复杂度体现的是企业管理者对企业细化管理的要求，企业的任何管理都需要投入人、财、物，都涉及管理成本核算，企业在不同发展时期要权衡管理投入与产出效果，判断薪酬管理需要粗放化还是精细化。

表 1-4　薪酬体系实施复杂度

成长期	主要特征	薪酬策略	备注
初始期	公司创业期人数有限	管理越简单越好	简单的目的是高效
成长期	公司快速成长期	关键管理要规范	薪酬结构设计规范化
成熟期	公司发展稳定期	规范化管理	全面薪酬的引入
衰退期	公司业务持续衰退	部分管理要简化	差异化激励，做好变革

薪酬战略的调整必须有配套的薪酬实施策略，调整的目的是支持企业薪酬战略和人力资源管理战略规划，最终实现企业发展战略。

薪酬战略看起来有点"高大上"，但它实际上是企业经营战略的一部分，薪酬战略是企业薪酬核心管理思想的重要依据，企业要通过有效的外部环境调研做好薪酬管理规划，这些规划和具体实施关联才能让战略真正落地。

第2章

薪酬架构整体设计——
破解薪酬管理密码

导语

　　薪酬管理是在企业人力资源管理战略指导下，基于企业清晰的薪酬战略、薪酬目标以及薪酬水平等明确的指导方向，对企业薪酬结构、薪酬激励、薪酬制度、薪酬管控以及薪酬分析进行规范化管理的一整套薪酬管理解决方案。

带着问题阅读：

- 薪酬架构设计包括哪些要素?
- 薪酬结构设计都有哪些门道?
- 如何理解薪酬相关法律法规?

第1节 ┃ 薪酬架构设计思路

在人力资源管理实践中，薪酬分为狭义薪酬和广义薪酬。

广义薪酬（又叫360度薪酬）包括经济性薪酬和非经济性薪酬。经济性薪酬包括固定工资、月度奖金、年度奖金、现金补贴、保险福利、带薪休假、利润分享以及股权激励等。非经济性薪酬包括工作认可、挑战性工作、工作环境、工作氛围、发展、晋升机会、能力提高以及职业安全等。

狭义薪酬指的是员工获得的以工资等金钱或实物形式支付的劳动回报。

针对经济性薪酬设计薪酬架构是企业薪酬管理的核心。

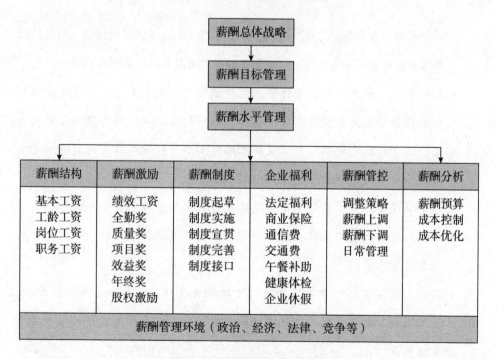

图 2-1　企业薪酬架构设计示意图

图 2-1 是企业薪酬架构设计示意图，在企业经营过程中，从顶层架构设计角度，企业要考虑的薪酬管理要素如下。

- 薪酬总体战略：企业对于不同类型的岗位实行什么战略，是领先型还是跟随型？是居后型还是差异型？
- 薪酬目标管理：薪酬目标如何在符合企业发展战略的同时满足员工管理需要。
- 薪酬水平管理：薪酬管理要同时满足内部岗位（职位）平衡以及外部竞争性要求，并根据员工绩效（贡献）进行动态调整，此外要明确企业稀缺人才的薪酬水平，较竞争对手具有竞争力，同时要规范统一薪酬职级。

上述关键要素必须确认并达成一致，企业薪酬管理才有指导方向，而薪酬架构需要进一步明确的关键点如下。

- 薪酬结构：企业要规范薪酬结构，如基本工资和绩效工资的比例、项目奖及年度分红的管理办法，针对不同类型的岗位要有不同的薪酬结构设计考虑。
- 薪酬激励：薪酬失去激励作用，则薪酬管理将失去价值，企业经营过程中必须针对不同类型的岗位考虑如何做好薪酬激励，哪些岗位需要做激励？哪些岗位需要做最大限度的激励？哪些岗位需要做负向激励或者不做激励？这些都要考虑好。
- 薪酬制度管理：企业要制定规范的《薪酬福利管理制度》并做好全员培训，此外在制度中要建立薪酬职级表以及薪酬预算、审计和控制体系的配套管理体系。
- 薪酬制度实施过程中涉及的薪酬管理制度接口：如要和企业绩效考核、员工培训、考勤休假、任职资格等关联起来，从而形成完整的人力资源管理体系。
- 企业福利体系：规范的福利体系是吸引人才和留住人才的重要因素，如何让员工充分享受企业福利，需要做好总体设计。

- 薪酬管控：薪酬制度实施过程中需要落实好薪酬调整策略、薪酬上调、薪酬下调等日常管理。
- 薪酬分析：包括预算执行情况、薪酬核算以及薪酬成本的分析。

薪酬架构是薪酬管理结构化思维的结果，此外，薪酬架构设计过程中必须考虑薪酬管理环境，如政治、经济、法律、竞争对手等，这些大环境是企业薪酬设计小环境健康运营的基础。

第2节 丨 薪酬管理主要原则

薪酬设计是薪酬管理最基础的工作，如果薪酬水平、薪酬结构、薪酬构成等方面有问题，企业薪酬管理不可能取得预定目标。

薪酬预算、薪酬支付、薪酬调整是薪酬管理的重点工作，应切实加强薪酬日常管理工作，以实现薪酬管理的目标。

薪酬体系设计的原则：

● 战略匹配原则：符合公司整体战略发展需要，薪酬体系的建立必须和公司经营战略以及人才战略相匹配；

● 相对公平原则：薪酬对外和对内具有相对公平性，不可能绝对公平；

● 价值导向原则：主要考虑该职位对企业的贡献与价值及胜任职位所需具备的条件、能力、职业素质要求，所有岗位在职位分析基础上，经过岗位价值评估确定岗位工资标准；

● 业绩导向原则：员工的绩效奖金将反映其个人绩效状况，员工年终奖将由个人绩效与企业绩效双因素决定，使员工分享公司业绩成长，员工调薪将主要根据个人绩效和贡献。

薪酬实施过程中的主要原则：

● 公平原则：要综合考虑外部均衡、内部相对公平、过程公平以及结果公平，最终要兼顾效率与公平；

● 激励原则：关键岗位的人员薪酬要有竞争性和激励性；

● 合法原则：符合国家薪酬法律规定，如各地区最低工资标准的规定。

此外，薪酬实施过程中还有个重要的原则，即合理倾斜原则，是指企业薪酬要在总体薪酬控制范围内，向着更有价值的人才倾斜。

表 2-1 薪酬实施中的合理倾斜原则

人才类别	薪酬考虑原则	主要人员范围	备注
核心人才	超越期望	公司部门经理以上级别人员	高薪、股权等激励手段
骨干人才	满足期望	部门业务、技术骨干	公司要制定有关骨干员工的管理规定
通用人才	引导期望，主要采用非物质激励手段	普通员工	部门内部互相培训，形成合理的流动机制和竞争机制
辅助人才	平衡期望	部门助理等	正常薪酬待遇即可
淘汰人才	负向激励	需要逐步优化的人才	公司在合同续签环节严格控制

按照上述原则执行的薪酬体系，才能体现人才的贡献和价值，才能稳定核心团队。

第3节 I 薪酬管理法律风险

薪酬管理最大的外部风险就是违反国家法律法规。

为了方便广大读者阅读和理解，作者对和薪酬相关的法律法规条款做了详细归纳和解读，希望对大家深刻理解薪酬的制度约束有所帮助。

表 2-2　薪酬相关法律法规解读

法律法规	关键条款	条款解读
《劳动法》（1995 年 1 月 1 日起施行）	第十九条规定，劳动合同中必须约定劳动报酬。所以，企业与员工就劳动报酬的相关约定必须以书面方式进行，而且，劳动报酬是劳动合同必须具备的条款。	劳动合同要对员工薪酬做出明确约定，包括薪酬结构和比例等数据。
	第二十八条规定，（1）经劳动合同当事人协商一致；（2）劳动者患病或者非因工负伤，医疗期满后，不能从事原工作也不能从事由用人单位另行安排的工作的；（3）劳动者不能胜任工作，经过培训或者调整工作岗位，仍不能胜任工作的；（4）劳动合同订立时所依据的客观情况发生重大变化，致使原劳动合同无法履行，经当事人协商不能就变更劳动合同达成协议的；（5）用人单位濒临破产进行法定整顿期间或者生产经营状况发生严重困难，确需裁减人员的，应当提前三十日向工会或者全体职工说明情况，听取工会或者职工的意见，经向劳动行政部门报告后，可以裁减人员。以上五种情况解除劳动合同的，用人单位须向劳动者支付经济补偿金。	用人单位须向劳动者支付经济补偿金的法定情形。

续表

法律法规	关键条款	条款解读
《劳动法》（1995 年 1 月 1 日起施行）	第四十四条规定，（一）安排劳动者延长工作时间的，支付不低于工资的百分之一百五十的工资报酬；（二）休息日安排劳动者工作又不能安排补休的，支付不低于工资的百分之二百的工资报酬；（三）法定休假日安排劳动者工作的，支付不低于工资的百分之三百的工资报酬。	这一条对于加班工资计算办法有了明确的规定，是分为平常工作日、休息日和法定休假日三种情形分别计算的。
	第五章中第四十六条至第五十一条，共六条专门对工资进行了规定。第四十六条规定了按劳分配、同工同酬；第四十八条规定，工资不得低于当地最低工资标准；第五十条规定，按月支付工资，不得克扣或者无故拖欠劳动者的工资；第五十一条规定，劳动者在法定休假日和婚丧假期间，用人单位应当依法支付工资。	这几条对工资作了强制性的规定，可以说是工资支付底线。
《劳动合同法》（2008 年 1 月 1 日起施行）	第十七条规定，劳动合同应具备劳动报酬的条款。	与《劳动法》第十九条的规定一致。
	第二十条规定，劳动者在试用期的工资不得低于本单位相同岗位最低档工资或者劳动合同约定工资的百分之八十，并不得低于用人单位所在地的最低工资标准。	这一条比《劳动法》的规定更详细，对于试用期工资进行了单独的规定。
	第二十二条至第二十五条规定，用人单位可以向员工追偿的违约金仅限于专项培训服务期违约金和竞业限制违约金；前者不得超过服务期尚未履行部分所应分摊的培训费用；后者为劳动者违反竞业限制约定的，应当按照约定向用人单位支付违约金。	向员工追偿违约金，仅限于专项培训服务期违约金和竞业限制违约金。
	第三十条规定，"用人单位应当按照劳动合同约定和国家规定，向劳动者及时足额支付劳动报酬。用人单位拖欠或者未足额支付劳动报酬的，劳动者可以依法向当地人民法院申请支付令，人民法院应当依法发出支付令"。	用人单位拖欠或者未足额支付劳动报酬可能会受到处罚。

法律法规	关键条款	条款解读
《劳动合同法》（2008 年 1 月 1 日起施行）	根据《劳动合同法》第四十六条的规定，除了《劳动法》规定的五种情况外，还有一些情况用人单位需要向员工支付经济补偿金，第一种情况是《劳动合同法》第三十八条第一款规定的，"用人单位有下列情形之一的，劳动者可以解除劳动合同：（一）未按照劳动合同约定提供劳动保护或者劳动条件的；（二）未及时足额支付劳动报酬的；（三）未依法为劳动者缴纳社会保险费的；（四）用人单位的规章制度违反法律、法规的规定，损害劳动者权益的；（五）因本法第二十六条第一款规定的情形致使劳动合同无效的；（六）法律、行政法规规定劳动者可以解除劳动合同的其他情形"。第二种情况是除用人单位维持或者提高劳动合同约定条件续订劳动合同，劳动者不同意续订的情形外，劳动合同期满，终止固定期限劳动合同。第三种情况是用人单位被依法宣告破产，用人单位被吊销营业执照、责令关闭、撤销或者用人单位决定提前解散而终止劳动合同。	加上《劳动法》规定的五种情况，共有八种情况用人单位需要向员工支付经济补偿金。
	第四十七条规定："经济补偿按劳动者在本单位工作的年限，每满一年支付一个月工资的标准向劳动者支付。六个月以上不满一年的，按一年计算；不满六个月的，向劳动者支付半个月工资的经济补偿。劳动者月工资高于用人单位所在直辖市、设区的市级人民政府公布的本地区上年度职工月平均工资三倍的，向其支付经济补偿的标准按职工月平均工资三倍的数额支付，向其支付经济补偿的年限最高不超过十二年。本条所称月工资是指劳动者在劳动合同解除或者终止前十二个月的平均工资。"第五十条规定，用人单位依照本法有关规定应当向劳动者支付经济补偿的，在办结工作交接时支付。	这两条对于用人单位向员工支付经济补偿金的计算标准和时间作了明确的规定。
	第八十二条规定："用人单位自用工之日起超过一个月不满一年未与劳动者订立书面劳动合同的，应当向劳动者每月支付二倍的工资。用人单位违反本法规定不与劳动者订立无固定期限劳动合同的，自应当订立无固定期限劳动合同之日起向劳动者每月支付二倍的工资。"	这条规定对于不订立书面劳动合同情况下的法律责任作了明确界定。

续表

法律法规	关键条款	条款解读
《劳动合同法》（2008 年 1 月 1 日起施行）	第八十五条规定："用人单位有下列情形之一的，由劳动行政部门责令限期支付劳动报酬、加班费或者经济补偿；劳动报酬低于当地最低工资标准的，应当支付其差额部分；逾期不支付的，责令用人单位按应付金额百分之五十以上百分之一百以下的标准向劳动者加付赔偿金：（一）未按照劳动合同的约定或者国家规定及时足额支付劳动者劳动报酬的；（二）低于当地最低工资标准支付劳动者工资的；（三）安排加班不支付加班费的；（四）解除或者终止劳动合同，未依照本法规定向劳动者支付经济补偿的。"	本条明确了企业未依法支付劳动报酬或经济补偿金等，需要额外支付加倍赔偿金。
《关于工资总额组成的规定》（中华人民共和国国家统计局令第 1 号，1990 年 1 月 1 日发布、实施）	第四条规定："工资总额由下列六个部分组成：（一）计时工资；（二）计件工资；（三）奖金；（四）津贴和补贴；（五）加班加点工资；（六）特殊情况下支付的工资。"第十一条规定："下列各项不列入工资总额的范围：（一）根据国务院发布的有关规定颁发的发明创造奖、自然科学奖、科学技术进步奖和支付的合理化建议和技术改进奖以及支付给运动员、教练员的奖金；（二）有关劳动保险和职工福利方面的各项费用；（三）有关离休、退休、退职人员待遇的各项支出；（四）劳动保护的各项支出；（五）稿费、讲课费及其他专门工作报酬；（六）出差伙食补助费、误餐补助、调动工作的旅费和安家费；（七）对自带工具、牲畜来企业工作职工所支付的工具、牲畜等的补偿费用；（八）实行租赁经营单位的承租人的风险性补偿收入；（九）对购买本企业股票和债券的职工所支付的股息（包括股金分红）和利息；（十）劳动合同制职工解除劳动合同时由企业支付的医疗补助费、生活补助费等；（十一）因录用临时工而在工资以外向提供劳动力单位支付的手续费或管理费；（十二）支付给家庭工人的加工费和按加工订货办法支付给承包单位的发包费用；（十三）支付给参加企业劳动的在校学生的补贴；（十四）计划生育独生子女补贴。"	该规定明确了工资总额的组成，以及工资总额不包括的项目。

续表

法律法规	关键条款	条款解读
《最低工资规定》（中华人民共和国劳动和社会保障部令第 21 号，2004 年 1 月 20 日发布，2004 年 3 月 1 日起实施）	第五条规定："最低工资标准一般采取月最低工资标准和小时最低工资标准的形式。月最低工资标准适用于全日制就业劳动者，小时最低工资标准适用于非全日制就业劳动者。" 第七条规定："省、自治区、直辖市范围内的不同行政区域可以有不同的最低工资标准。" 第十二条第一款规定："在劳动者提供正常劳动的情况下，用人单位应支付给劳动者的工资在剔除下列各项以后，不得低于当地最低工资标准：（一）延长工作时间工资；（二）中班、夜班、高温、低温、井下、有毒有害等特殊工作环境、条件下的津贴；（三）法律、法规和国家规定的劳动者福利待遇等。"	各地区最低工资标准不同，数据每年都有更新，大家要注意关注官方文件。
《社会保险法》（2011 年 7 月 1 日起施行）	《社会保险法》对社会保险费用征缴的强制性、社会保险基金的管理、社会保险的监督检查和法律责任作了明确规定。	全国各地区都有配套实施细则。
《住房公积金管理条例》（中华人民共和国国务院令第 710 号，2002 年 3 月 24 日起实施）	《住房公积金管理条例》规定了住房公积金的决策机构、用人单位和个人按比例缴纳等。	全国各地区都有配套实施细则。
地方政策法规	【以北京市为例】北京市出台了很多地方政策法规，如《北京市基本养老保险规定》《北京市失业保险规定》《北京市基本医疗保险规定》《北京市企业劳动者工伤保险规定》《北京市实施〈工伤保险条例〉办法》《北京市企业职工生育保险规定》《北京市实施〈女职工劳动保护规定〉的若干规定》以及《北京市人口与计划生育条例》等。	全国各地区人力资源和社会保障局都会发布当地政策法规文件，可以登录相关网站查阅。

需要特别注意的一点是，通过报纸和新闻网站等媒体，大家要高度关注相关法律法规的废止和新的法律法规的实施。企业要高度重视劳动法律法规对薪酬管理的影响，规避法律风险。

　　自2008年1月1日《劳动合同法》实施以来，从劳动关系到管理制度的完善，都对企业带来很多冲击。那么《劳动合同法》对薪酬管理究竟有哪些独特的影响，作为企业管理者必须认真分析，做到心中有数。

　　《劳动合同法》对企业薪酬管理的主要影响如下。

1.企业薪酬管理成本增加

　　企业薪酬管理成本包括直接成本和间接成本。随着最低工资标准逐年变化，企业的薪酬支付标准逐年增加。

　　企业薪酬管理间接成本主要指的是违法成本。随着我国劳动法律法规的逐年完善，对企业违法的处罚愈加明确，特别是在最近几年过渡期，企业薪酬管理违法成本将逐渐提高。《劳动法》更加明确了经济补偿金的规定，使得企业在终止或解除合同时支付补偿金成为必需项，造成企业对员工支付的补偿金逐年增加，这是企业薪酬管理中必须注意的重要成本。

2.要求企业薪酬管理严谨规范

　　企业薪酬管理必须严谨规范的环节主要包括：

- 薪酬管理文档规范性：企业薪酬管理制度的制定必须依照法定程序进行，各个环节都要有管理文件存档，以便在薪酬发生争议时有效确定事实；
- 薪酬如实告知：企业在招聘新员工时必须如实告知劳动报酬，这是企业必须履行的告知义务，因此在招聘或录用等关键环节如果没有告知员工基本薪酬，属于违法，极易引起劳动纠纷；
- 《劳动合同》关键薪酬条款：企业与员工签订劳动合同的必备条款之一就是薪酬待遇的约定，如果没有约定薪酬待遇则极易引起劳动纠纷，福利待遇可以不用说明；
- 同工同酬原则：《劳动合同法》一个最大的亮点就是同工同酬，这就要求企业必须对岗位进行科学分析与评价，规范薪酬职级待遇体系，确定员工任职资格、绩效表现等贡献要素，明确岗位需要的能力、承担的责任和最终得到的绩效结果，并在此基础上确定其报酬水平，保证内部管理公平，这样才不会违反同工同酬的原则。

3.企业薪酬管理权利受限

所有的企业在制定薪酬管理制度方面都要遵循《劳动合同法》的规定，特别需要提及的一点是，企业在制定、修改和决定与薪酬制度有关的重大事项时，必须经过员工代表或者所有员工讨论，听取他们的意见，平等协商确立。法律明确规定薪酬制度确定的程序，这就使得薪酬制度制订、修改和决定中的"员工参与"变得有法可依。

此外，在《劳动合同法》正式实施之前，许多企业对试用期工资都是自己说了算，现在法律有了明确的规定，使企业自由决定试用期工资的做法受到限制。

4.政府和工会对薪酬管理的介入

企业薪酬管理自主权的减弱，一方面来源于劳动者对薪酬的决定权有所增加，另一方面则来源于作为政府和工会对企业薪酬管理的不断介入，主要表现为薪酬制度制定环节的角色有所增加，这在未来必然是不可逆转的趋势。

由于薪酬是劳动关系双方冲突的焦点，因此工会将更多地代表工人参与到薪酬制度的决定、修改和制定中，与企业管理者进行利益博弈，此外政府也将参与其中加以协调。

5.特殊用工方式受到规范

《劳动合同法》对包括试用期、劳务派遣、非全日制用工等方面的规定更加细致和严格，企业必须重新审视已有的特殊用工制度，使自身的用工做法越来越规范。

　　最后需要说明的是，《劳动合同法》的出台是基于倾斜保护劳动者权益的立场，这取决于大部分劳动者处于"弱势群体"的客观现实，对于构建和谐的劳动关系是非常必要的。

　　当劳动者有了维护自己权益的法律武器，就迫使企业在预防和处理劳动纠纷方面，必须完善自己的各项管理制度，让这些管理证据和管理文档成为解决劳动纠纷的预防性抓手。

　　此外，企业拥有专业化的HR管理团队，对于维护企业合法权益也非常必要。

　　《劳动合同法》实施后，企业人力资源管理包括薪酬管理必须摆脱以往粗放性和随意性的特点，走向规范和严谨。企业薪酬管理必须更加注意薪酬制度的规范化和固定化。对薪酬管理不再仅仅考虑内部公平、外部竞争，更需要满足合法性，既要内容合法，又要程序合法。企业要重视书面资料的使用，尽量减少对重要问题的口头协议。因为薪酬问题是近年来劳动关系冲突最主要的原因，一旦发生仲裁，企业要承担大部分的举证责任，因此薪酬制度的书面资料和日常管理文档将是法律判决的重要依据。

第3章

薪酬管理制度——
没有规矩不成方圆

导语

薪酬福利管理制度是人力资源管理的一项基本管理制度。俗话说，"没有规矩不成方圆"，企业无论规模大小，建立起相对规范的薪酬管理制度和流程，对于持续提升薪酬管理规范性、提升企业薪酬管理水平都是非常必要的。

带着问题阅读：

- 薪酬制度的管理目标是什么？
- 制度编制关键流程都有哪些？
- 薪酬制度框架主要包括什么？
- 如何设计集成式的薪酬制度？
- 如何设计分体式的薪酬制度？
- 薪酬管理常见记录都有哪些？
- 薪酬制度发布实施如何落地？
- 薪酬制度如何进行日常维护？

第 1 节 Ｉ 薪酬制度管理目标

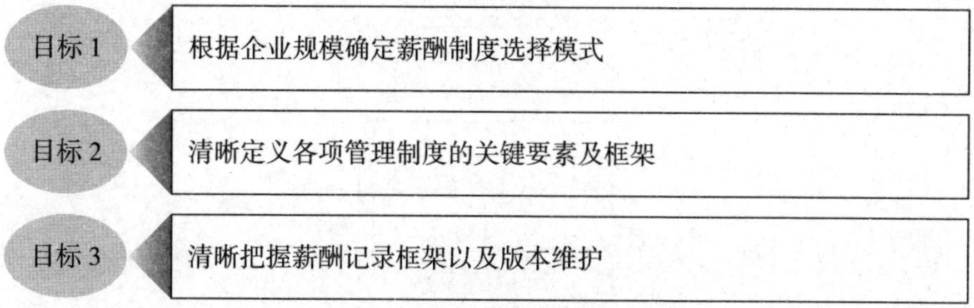

目标 1	根据企业规模确定薪酬制度选择模式
目标 2	清晰定义各项管理制度的关键要素及框架
目标 3	清晰把握薪酬记录框架以及版本维护

图 3-1　薪酬制度的三大管理目标

第2节 I **制度编制关键流程**

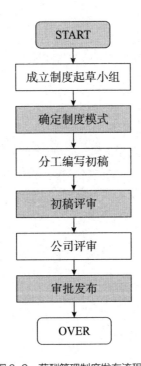

图 3-2　薪酬管理制度发布流程图

1.成立制度起草小组

企业成立制度起草小组的目的在于，在统一的管理体系下分工协作，充分讨论，确保各项管理制度流程的规范性。

制度起草小组由负责人和小组成员组成。小组成立后要制定统一的分工计划，关于《薪酬管理制度编写分工计划》如表3-1所示。

表 3-1　薪酬管理制度编写分工计划

制度名称	配套记录	责任人	参加人员	计划完成日期
员工薪酬管理制度				
企业福利管理规范				
薪酬成本控制规范				
配套模板				
……				

2.确定制度模式

俗话说"杀鸡焉用牛刀"，对于企业而言，在编写管理制度时，必须分析采用何种模式进行管理更合适。

企业薪酬管理制度，一般分为"集成式"和"分体式"两种类型。

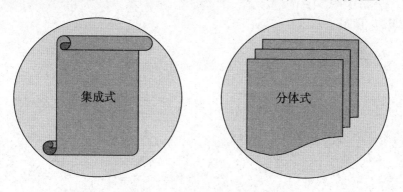

图 3-3　企业薪酬管理制度的两种类型

表 3-2　薪酬制度模式分析

类型	类型描述	优点	缺点	适合企业
集成式	集成为一个制度文件，制度文件涵盖所有模块的阐述	框架式管理，把握关键流程即可，管理灵活	精细化粒度不够	中小企业，特别是小微企业
分体式	核心制度＋引用各个管理模块	精细化粒度好	过于精细，管理灵活性差	大中型企业

3.分工编写初稿

小组成员按照计划分工推进，收集资料整理初稿。

4.初稿评审

管理制度初稿完成后，制度起草小组可组织内部评审，确保和相关管理制度衔接。

5.公司评审

人力资源部组织各部门代表进行全公司范围内的评审，及时发现问题并修改完善，这也是内部民主公示程序的有机组成部分。

公司内部评审后，走内部民主公示程序，确保制度的有效性。

6.审批发布

内部民主公示之后，由公司工会主席（或总经理）审批后实施。

　　HR管理制度评审标准包括：①架构标准统一，内容系统全面；②内容合法；③可操作性强；④体现人性化管理；⑤术语和名词使用规范并且通俗易懂。

第3节 | **薪酬制度管理框架**

为了制定有效的薪酬管理制度，需要按照以下步骤来完成。

1.吃透薪酬相关法律制度

企业作为一个具有法人资格的实体，在经营过程中必须遵照国家各项法律、法规和规章，做一个守法的法人是对企业提出的最基本要求。

和薪酬管理相关的主要法律是《劳动合同法》，关键条款如下。

表 3-3　《劳动合同法》中的薪酬管理相关条款

薪酬管理	条款规定	风险规避
薪酬告知义务	第八条规定："用人单位招用劳动者时，应当如实告知劳动者工作内容、工作条件、工作地点、职业危害、安全生产状况、劳动报酬，以及劳动者要求了解的其他情况；用人单位有权了解劳动者与劳动合同直接相关的基本情况，劳动者应当如实说明。"	为了避免劳动纠纷，在招聘新员工特别是计划录用新员工的时候，要规范《录用通知书》的格式和条款，对于员工应该和必须知情的内容作出清晰的定义，预防员工报到后出现劳动纠纷。劳动合同中同样要对上述内容作出明确约定。
同工同酬	第十一条规定："用人单位未在用工的同时订立书面劳动合同，与劳动者约定的劳动报酬不明确的，新招用的劳动者的劳动报酬按照集体合同规定的标准执行；没有集体合同或者集体合同未规定的，实行同工同酬。"	企业应及时与劳动者签订书面的劳动合同，并且对劳动报酬作出明确约定。
劳动合同关键条款	根据第十七条的规定，劳动合同应当具备以下条款：工作时间和休息休假、劳动报酬、社会保险等。	劳动报酬和社会保险是劳动合同的法定条款，企业在设计劳动合同时要覆盖这些关键条款。

薪酬管理	条款规定	风险规避
最低工资标准	第二十条规定："劳动者在试用期的工资不得低于本单位相同岗位最低档工资或者劳动合同约定工资的百分之八十，并不得低于用人单位所在地的最低工资标准。"	全国每个城市，每年的最低工资标准都不同，要留意当地人力资源和社会保障局的网站或者当地报纸等媒体发布的最新信息。在人力资源管理实践中，要特别注意，扣除个税、五险一金后的工资，不能低于最低工资标准。
专项培训协议	第二十二条规定："用人单位为劳动者提供专项培训费用，对其进行专业技术培训的，可以与该劳动者订立协议，约定服务期。劳动者违反服务期约定的，应当按照约定向用人单位支付违约金。违约金的数额不得超过用人单位提供的培训费用。用人单位要求劳动者支付的违约金不得超过服务期尚未履行部分所应分摊的培训费用。用人单位与劳动者约定服务期的，不影响按照正常的工资调整机制提高劳动者在服务期期间的劳动报酬。"	要特别注意的是，"提供专项培训"不包括企业内部组织的培训，可能涉及外部培训机构专项培训协议、费用证据等。此外，违约金数额不得超过用人单位提供的培训费用，一般采用按年度均摊逐年递减的原则签订培训协议，对企业和劳动者都公平。
竞业限制	第二十四条规定："竞业限制的人员限于用人单位的高级管理人员、高级技术人员和其他负有保密义务的人员。竞业限制的范围、地域、期限由用人单位与劳动者约定，竞业限制的约定不得违反法律、法规的规定。在解除或者终止劳动合同后，前款规定的人员到与本单位生产或者经营同类产品、从事同类业务的有竞争关系的其他用人单位，或者自己开业生产或者经营同类产品、从事同类业务的竞业限制期限，不得超过二年。"	在解除或者终止劳动合同后，企业应按约定向劳动者支付竞业限制经济补偿。在人力资源管理实践中，目前最有争议的是具体支付数额，法律没有明确规定，但可以肯定的是，在仲裁实践中，显失公平的竞业限制补偿金是无效的。
足额支付报酬	第三十条规定："用人单位应当按照劳动合同约定和国家规定，向劳动者及时足额支付劳动报酬。用人单位拖欠或者未足额支付劳动报酬的，劳动者可以依法向当地人民法院申请支付令，人民法院应当依法发出支付令。"	在人力资源管理实践中，要特别注意的是绩效工资的发放以及向员工主张损害赔偿、违约金等情形，员工要有充分知情权，此外必须保留客观有效的管理证据。

续表

薪酬管理	条款规定	风险规避
解除合同无须补偿	第三十九条规定："劳动者有下列情形之一的，用人单位可以解除劳动合同：（一）在试用期间被证明不符合录用条件的；（二）严重违反用人单位的规章制度的；（三）严重失职，营私舞弊，给用人单位造成重大损害的；（四）劳动者同时与其他用人单位建立劳动关系，对完成本单位的工作任务造成严重影响，或者经用人单位提出，拒不改正的；（五）因本法第二十六条第一款第一项规定的情形致使劳动合同无效的；（六）被依法追究刑事责任的。"	上述情形下解除劳动合同的，企业无须支付经济补偿金。
解除合同需要补偿	第四十条规定："有下列情形之一的，用人单位提前三十日以书面形式通知劳动者本人或者额外支付劳动者一个月工资后，可以解除劳动合同：（一）劳动者患病或者非因工负伤，在规定的医疗期满后不能从事原工作，也不能从事由用人单位另行安排的工作的；（二）劳动者不能胜任工作，经过培训或者调整工作岗位，仍不能胜任工作的；（三）劳动合同订立时所依据的客观情况发生重大变化，致使劳动合同无法履行，经用人单位与劳动者协商，未能就变更劳动合同内容达成协议的。"	劳动者患病或者非因工负伤，在规定的医疗期满后要优先考虑内部岗位调剂，劳动者不能胜任工作的要优先考虑培训，这是公司人性化管理的体现。无法调剂的情况下，可以协商解除劳动合同，但是必须按照法律规定支付经济补偿。
补偿金标准	第四十七条规定："经济补偿按劳动者在本单位工作的年限，每满一年支付一个月工资的标准向劳动者支付。六个月以上不满一年的，按一年计算；不满六个月的，向劳动者支付半个月工资的经济补偿。劳动者月工资高于用人单位所在直辖市、设区的市级人民政府公布的本地区上年度职工月平均工资三倍的，向其支付经济补偿的标准按职工月平均工资三倍的数额支付，向其支付经济补偿的年限最高不超过十二年。本条所称月工资是指劳动者在劳动合同解除或者终止前十二个月的平均工资。"	经济补偿要注意"N+1"的操作要点：各地区（城市）上年度职工月平均工资不同，经济补偿的封顶数也不同；如果员工月薪没有超过法律规定的上限，则没有12年的年限限制；除了经济补偿，企业未提前30天提出解除劳动合同的，还要支付一个月工资作为代通知金（如果企业提前30天提出解除劳动合同，这种情况不用支付代通知金）。

续表

薪酬管理	条款规定	风险规避
赔偿金	第四十八条规定："用人单位违反本法规定解除或者终止劳动合同，劳动者要求继续履行劳动合同的，用人单位应当继续履行；劳动者不要求继续履行劳动合同或者劳动合同已经不能继续履行的，用人单位应当依照本法第八十七条规定支付赔偿金。"	经济补偿和赔偿金的最大区别在于，经济补偿是合法性的补偿，赔偿金则带有惩罚性，如严重违反法律规定非法解除劳动合同的情形。
及时签订书面劳动合同	第八十二条规定："用人单位自用工之日起超过一个月不满一年未与劳动者订立书面劳动合同的，应当向劳动者每月支付二倍的工资。用人单位违反本法规定不与劳动者订立无固定期限劳动合同的，自应当订立无固定期限劳动合同之日起向劳动者每月支付二倍的工资。"	属于典型的经济赔偿条款，人力资源管理部门要高度关注经济赔偿的规定，避免出现经济赔偿的问题。
偿金计算时限	第九十八条规定："本法自2008年1月1日起施行。"	协商解除劳动合同的经济补偿以员工入职日期为基准，劳动合同到期终止时的经济补偿，以2008年1月1日为基准，要特别注意两者的区别。

　　企业一定要吃透《劳动法》和《劳动合同法》，另外原劳动部发布的有些文件仍然有效，需要认真研究。

　　企业在制定薪酬福利管理制度时，对上述条款简单引用即可，如"关于经济补偿按照《劳动合同法》执行"。

2.确定制度管理核心理念

在制定制度过程中，要将员工与企业的利益紧密地结合在一起，促进员工与企业共同发展，这是企业人力资源管理制度规划的首要原则。任何显失公平的制度，都会极大损害员工的长远利益，最终也会损害企业的长期利益。

3.确定薪酬管理制度框架

一个完整的制度，其主要架构要统一，具体框架包括：

- 主要目的：描述制定管理制度的主要目的；
- 术语定义：定义常见的专业术语和名词解释；
- 适用范围：清晰定义制度的适用范围，如适用于集团还是子公司等；
- 职责分工：定义在本项管理制度中各部门的职责；
- 主要流程：制度涉及的工作流程图；
- 制度规定：清晰规定制度的具体内容；
- ……
- 相关制度：本项管理制度引用了哪些外部管理制度；
- 主要记录：本项管理制度配套的记录文件；
- 制度生效：规定制度何时正式生效。

大家可以通过网上多搜索和学习类似的管理制度来研究和学习，这对 HR 从业者来说是个学习的捷径。

第4节 I 集成式薪酬制度

集成式薪酬制度由"一个核心制度+N个管理模板"组成，参考范例如下。

实操范例 ABC 企业薪酬福利管理制度

1.目的

为了有效吸引和保留高素质人才，让优秀员工通过薪酬福利获得更好的待遇，不断提升公司管理水平，不断提升薪酬激励有效性，特制定本项管理制度。

2.适用范围

本制度适用于ABC公司的全体员工。

3.管理原则

● 薪酬保密原则：公司实行薪酬和福利保密制度，员工不得私下询问、透露和谈论薪酬待遇事宜，如果发生薪酬泄密将追究泄密者的责任并且按照严重违纪处理。

● 职级待遇原则：公司福利实行"职级不同福利不同"的待遇体系。

● 公平管理原则：公司薪酬按照薪酬职级表的体系来规范，确保同岗同级的平等待遇原则。

4.薪酬模式

公司销售人员采用基于绩效的薪酬模式，职能管理人员采用基于岗位的薪酬模式。

5.薪酬结构

公司员工薪酬结构由薪酬和福利组成。

薪酬部分：员工薪酬由基本工资和绩效工资、项目奖、年终奖等多层次薪酬结构组成。

其中基本工资和个人学历、岗位和职务要求等挂钩，绩效工资和绩效考核结果挂钩。

除了基本工资和绩效工资外，公司还实行项目奖和年终奖等多层次薪酬方式激励员工。

● 项目奖：公司实行项目经理责任制，项目组成员享受项目奖的奖励，详见《项目考核奖励管理规定》。

● 年终奖：公司年终奖和公司年度效益、部门年度考核成绩挂钩。

● 福利部分：分为五险一金法定福利和公司特色福利两种。

6.薪酬管理组织

公司薪酬福利管理分为董事会（上市公司，可选）、公司薪酬领导小组和各级职能管理部门三级管理制。

（1）董事会薪酬委员会

主要职责是依据《董事会薪酬与考核委员会工作细则》：

● 对董事会聘任总经理、副总经理以及由董事会认定的其他高级管理人员进行考核；

● 研究和审查公司薪酬制度，并对执行情况进行监督；

● 负责拟定股权激励计划草案；

● 董事会授权的其他薪酬管理事宜。

（2）薪酬领导小组

公司薪酬委员会是公司薪酬管理机构，由总经理、副总经理、财务总监、人力资源总监以及相关高管人员组成，主要管理职责如下：

● 负责审议并确定公司薪酬实施总体方案；

● 负责审议公司年度员工薪酬的统一调整方案；

● 负责审议并确定公司的各项福利政策。

（3）人力资源部

● 负责公司薪酬管理制度的建设和发布；

● 负责公司薪酬管理制度的宣贯和培训；

● 负责薪酬职级调整的统一管理；

● 负责公司福利管理。

（4）财务管理部

● 负责员工薪酬的发放。

7.薪酬日常管理规定

● 员工薪酬职级确定：要依据公司统一发布的《薪酬职级表》确定员工的薪酬职级；

● 公司高管薪酬由董事会薪酬委员会确定；

● 实习生日常补助标准参照《实习生管理规范》执行；

● 公司顾问待遇按照顾问协议约定执行；

● 公司招聘的劳务人员待遇按照协议执行；

● 员工工资发放时间：人力资源部每月月底组织完成当月绩效考核，同时汇总考勤数据，财务部次月10日之前发放工资，员工工资为税前工资，个人收入所得税在每月发放工资时由公司代扣代缴；

● 公司按照《考勤休假管理制度》《劳动纪律管理制度》以及《劳动合同》或者员工授权公司扣款等，在工资中进行相应扣除；

● 公司每年年初根据市场竞争情况、CPI（消费者物价指数）调整等要素统一调整《薪酬职级表》，确保薪酬相对竞争力和对员工的吸引力。

8.薪酬调整规定

公司薪酬调整由以下几种途径来实现。

● 考核调整：薪酬调整严格按照《绩效考核管理制度》规定的考核成绩与调薪关联条件执行；

● 定期普调：每年年初人力资源部会结合公司经营效益、年度考核结果分析报告等数据，向公司薪酬福利领导小组提交《薪酬调整总体方案建议》，经总经理审批后执行普调；

● 临时调整：根据岗位异动、职务调整以及员工任职资格调整等进行薪酬调整。

9.员工福利管理

公司员工福利主要包括"五险一金"等法定福利和公司特有福利。

● 法定福利：公司按国家规定为员工办理养老保险、医疗保险、工伤保险、失业保险、生育保险以及住房公积金；

● 公司福利：公司福利主要包括午餐补助、带薪休假（参见《考勤休假管理制度》规定）、交通补助、员工体检等，详细规定参见《公司福利管理规范》。

10.相关记录

● 《薪酬调整审批表》

● 《薪酬调整通知书》

11.制度生效

本项管理制度自20××年××月××日生效。

本项管理制度最终解释权在人力资源部。

　　上述制度只提供了制度框架，具体内容请根据实际情况完善，不要机械照搬。

第5节 | 分体式薪酬制度

分体式薪酬制度由"一个制度＋若干分项规程或流程＋若干配套模板"组成，参考范例如下。

实操范例 ABC 企业薪酬福利管理制度

1. 目的

为了有效吸引和保留高素质人才，让优秀员工通过薪酬福利获得更好的待遇，不断提升公司管理水平，提升薪酬激励有效性，特制定本项管理制度。

2. 适用范围

本制度适用于ABC公司的全体员工。

3. 管理原则

（参考前述范例）

4. 薪酬模式

（参考前述范例）

5. 薪酬结构

（参考前述范例）

6. 薪酬管理组织

（参考前述范例）

7. 薪酬日常管理规定

（参考前述范例）

8.薪酬调整规定

（参考前述范例）

9.劳动关系与薪酬管理

员工协商解除劳动关系采用《协商解除劳动关系协议书》落实。

具体补偿金支付标准参见<u>《公司员工补偿管理规定》</u>……（引用外部制度）

10.员工福利管理

（参考前述范例）

具体规定参见<u>《公司福利管理规范》</u>……（引用外部制度）

11.相关制度

● <u>《公司福利管理规范》</u>……（引用外部制度）

● <u>《公司员工补偿管理规定》</u>……（引用外部制度）

12.相关记录

● 《薪酬调整审批表》

● 《薪酬调整通知书》

13.制度生效

本项管理制度自20××年××月××日生效。

本项管理制度最终解释权在人力资源部。

● **核心制度配套规定1:《公司福利管理规范》**

1.目的

为了规范公司福利管理，通过福利实施吸引和保留核心人才，特制定本项管理规定。

2.适用范围

本项管理是公司《薪酬福利管理制度》分项管理规定。（★——引用母制度）

3.管理原则

● 福利和职级挂钩：公司的福利按照职务和职级来规范，以实现职务激励；

● 公开透明原则：公司所有福利由办公室统一维护并在内网公示。

4.管理规定

（1）公司"五险一金"法定福利由人力资源部统一管理，在内网公示国家"五险一金"所有相关法律法规。

公司所有员工的常见福利规定如下：

● 交通补助：每工作日补助10元；

● 午餐补助：每工作日补助午餐15元；

● 通信费补贴：普通员工每月200元，部门经理级每月400元，总监级每月600元，副总级以上每月补贴1000元；

● 补充商业保险：公司为员工缴纳补充商业保险，详细规定如下……

● 春游秋游：公司每年组织一次春游和秋游；

● 员工体检：公司每年集中组织一次体检；

● 员工生日及节日：发放员工生日慰问及节日慰问；

● 企业年金：员工享受养老金计划规定如下……

● ……

（2）公司特色福利由办公室统一维护并在公司内网公示。

（3）员工享受和职务相关的特殊福利，需要通过《公司福利审批表》进行审批，经总经理审批后在人力资源部备案。

（4）所有福利项目停止实施，由办公室统一负责征求意见并经严格评审。

（5）员工由于各种原因错过福利享受时机可以申请给予相关补享权利。

5.制度配套记录

《公司福利审批表》

6.制度生效

本项管理规定和公司《薪酬福利管理制度》同步配套实施。

本项管理规定最终解释权归人力资源部。

● **核心制度配套规定2：《公司员工补偿管理规定》**

1.目的

为了规范公司协商解除劳动合同以及劳动合同到期不续签管理，特制定本项管理规定。

2.适用范围

本项管理是公司《薪酬福利管理制度》分项管理规定。（★——引用母制度）

3.管理原则

● 依法办事原则：严格依据《劳动合同法》对于经济补偿金和赔偿金的各项管理规定执行；

● 友好协商原则：任何经济补偿，人力资源部都要和员工友好协商并取得员工理解，以维护公司的信誉和良好形象。

4.管理规定

（1）试用期员工被证明不符合劳动条件，公司有权解除劳动合同并且无须补偿，如果用人部门无法证明员工是否符合录用条件，则需要组织试用期评审。

（2）员工劳动合同到期：人力资源部需要提前2个月征询用人部门意见，需要提前1个月通知员工是否续签，如果员工提出不续签则无须补偿，如果公司提出不续签则按照"N+1原则"给予补偿（N是自2008年1月1日以来的工作年限，以0.5为单位）。

（3）公司与员工协商解除劳动合同，按照"N+1原则"给予补偿，需要通过《经济补偿协议书》落实补偿金并且经公司总经理签字、公司盖章后正式生效。

（4）补偿金支付上限和具体标准按照《劳动合同法》第四十七条规定执行："经济补偿按劳动者在本单位工作的年限，每满一年支付一个月工资的标准向劳动者支付。六个月以上不满一年的，按一年计算；不满六个月的，向劳动者支付半个月工资的经济补偿。劳动者月工资高于用人单位所在直辖市、设区的市级人民政府公布的本地区上年度职工月平均工资三倍的，向其支付经济补偿的标准按职工月平均工资三倍的数额支付，向其支付经济补偿的年限最高不超过十二年。本条所称月工资是指劳动者在劳动合同解除或者终止前十二个月的平均工资。"

（5）由于用人部门问题导致的劳动纠纷造成的赔偿责任，公司将追究相关用人部门领导责任。

5. 补偿金支付规定

公司与员工签订《经济补偿协议书》并且在员工按照协议离职后5个工作日内支付。

6. 制度配套记录

《经济补偿协议书》

7. 制度生效

本项管理规定和公司《薪酬福利管理制度》同步配套实施。

本项管理规定最终解释权归人力资源部。

第6节 ｜ 薪酬管理常见记录

　　新员工招聘和入职时填写的《入职审批表》上有入职薪酬，试用期考核会有薪酬调整。

　　之后和薪酬管理相关的最关键的记录主要包括《薪酬调整审批表》和《薪酬调整通知书》。

表 3-4　薪酬调整审批表

员工姓名			员工号	
入职时间			所在部门	
职位 / 岗位			申请日期	
员工类别		□正式员工　□试用期员工　□N/A		
主要异动内容	变动项	从	到	备注
	薪酬调整			
	部门调整			
	岗位调整			
	职位调整			
	职级调整			
	福利调整			
	建议生效日期		年　月　日生效	
调整原因说明（部门负责人填写）				

续表

员工签字 确认	员工确认：□同意调整　□不同意调整 　　　　　　　　　　　　　员工（签字 / 日期）：
	提示：岗位异动或降薪必须经员工本人签字，否则无效。
审批栏	【审核意见】　　　　　　　用人部门经理（签字 / 日期）：
	【审核意见】　　　　　　　人力资源总监（签字 / 日期）：
	【审核意见】　　　　　　　主管副总（签字 / 日期）：
	【审批意见】　　　　　　　总经理（签字 / 日期）：

表 3-5　薪酬调整通知书

尊敬的＿＿＿＿先生 / 女士：

　　根据公司业务发展和您个人职业发展的需要，经公司审批，正式决定对您工作的相关内容调整如下：

- 您的部门由原来的＿＿＿＿＿＿调整为＿＿＿＿＿＿
- 您的职位由原来的＿＿＿＿＿＿调整为＿＿＿＿＿＿
- 您的岗位由原来的＿＿＿＿＿＿调整为＿＿＿＿＿＿
- 您的职级由原来的＿＿＿＿＿＿调整为＿＿＿＿＿＿
- 您的薪酬由原来的每月＿＿＿＿元调整为每月＿＿＿＿元
- 您的福利由原来的＿＿＿＿＿＿调整为＿＿＿＿＿＿

上述调整自＿＿＿年＿＿月＿＿日正式生效。

　　如果涉及薪酬调整，请您特别注意：公司实行薪酬保密制度，请不要将以上工资信息透露给他人，如果违反纪律将严格按照《劳动纪律管理制度》处罚。如果你对上述异动内容有任何疑问，请直接与人力资源部联系。

　　本通知将作为您与公司签订的《劳动合同》的附件与之具有同等的法律效力。希望你在今后更加努力工作，为公司做出更大的贡献！

人力资源部

年　月　日

第7节 ┃ **薪酬制度发布实施**

《薪酬福利管理制度》经公司内部评审后，就可以走审批发布流程，由于薪酬涉及员工切身利益，建议走工会民主评审流程，经总经理审批后实施。

需要关注的一点是，《薪酬职级表》作为公司经营核心机密，要在有限范围内使用和维护，如果在公司内部公开可能会造成泄密。

第8节 | 薪酬制度日常维护

任何制度和规定、任何管理记录文件，在日常使用过程中都需要与时俱进、及时完善，人力资源部要做好文件编号和版本号的维护跟踪工作，确保使用最新版本的记录文件，切实防止管理混乱。

很多企业的做法是将文件PDF处理后以邮件形式发给全员，这种做法的缺点：一是容易泄露公司管理秘密；二是制度可维护性比较差，很多员工容易遗忘。比较好的做法如下。

1. 规范文件编码

人力资源管理制度可以用HR作为抬头码，1开头的文件是制度、规范和流程类；2开头的文件是规程和子制度；3开头的文件是模板。

2. 版本维护

文件版本Vx.y正式发布以V1.0开始，一般小的变更调整y值，大的变更则调整主版本x值。

3. 制度发布载体

最好以网页方式链接发布，企业由专门部门（负责ISO9000体系维护的部门，如质量管理部或者行政管理部）来维护文件最新版本，确保员工看到的是最新版本的制度和记录文件。

除了文件编号及版本号以外，制度批准日期与生效日期等信息同样需要在内网公示。

　　上述做法的好处一目了然，所有制度流程和记录纳入统一管控，这样才能真正做到规范有序。

第4章

薪酬管控模式——
不同岗位管理有门道

导语

　　薪酬模式主要是通过考虑企业经营特色、薪酬承受能力、绩效侧重点和薪酬竞争策略等要素综合确定的薪酬管理模式，对于"有钱就是任性"以及"市场人才供大于求"的不同类型企业，可以选择不同类型的薪酬模式。

　　企业常见薪酬模式包括基于岗位、基于职能、基于绩效、基于市场以及基于能效等的薪酬模式。

带着问题阅读：

- 如何定义基于岗位的薪酬模式？
- 如何定义基于职能的薪酬模式？
- 如何定义基于绩效的薪酬模式？
- 如何定义基于市场的薪酬模式？
- 如何定义基于能效的薪酬模式？
- 企业的薪酬模式如何有效选择？

第1节 | 基于岗位的薪酬模式

　　基于岗位的薪酬模式主要是指以岗位在企业内的相对价值为基准向员工支付薪酬。岗位的相对价值高，其工资待遇也高，反之亦然。

　　在基于岗位的薪酬模式下，员工工资的增长主要依靠职位的晋升，因此这种薪酬模式导向的行为是，职位晋升要严格遵从内部规范的晋升制度。

　　主要优点：

- 同岗同酬，内部公平性相对好一些；
- 激发员工努力工作以争取职位晋升。

　　主要缺点：

- 如果一个员工长期得不到晋升则会非常郁闷，即使岗位工作做得很出色，但其收入很难有较大的提高，也就影响了其工作的积极性，甚至让员工觉得其职业发展前途渺茫；
- 岗位导向的薪酬制度更看重内部岗位价值的公平性，在从市场上选聘比较稀缺的人才时企业薪酬很难吸引急需人才。

第2节 I 基于职能的薪酬模式

职业职能（技能或能力）导向的薪酬模式的依据很明确，就是员工所具备的技能水平。

这种薪酬模式的主要假设是，员工技能高，那么为公司所做的贡献就大，这种薪酬模式设计的目的在于促使员工提高工作的技能水平。

主要优点：

- 高能高薪的导向让员工注重自身能力提升；
- 鼓励员工发展自己的职业能力深度和广度；
- 员工能力持续提升，企业竞争力不断提升。

主要缺点：

- 企业评价员工能力的尺度标准比较难确定；
- 当员工拥有达到企业要求的能力时必然要求涨薪，否则人才会流失，这样将造成企业薪酬成本很高，最终导致企业管理成本高；
- 员工做同样的岗位工作但由于技能不同导致收入不同，容易造成不公平感；
- 员工绩效不仅仅和技能相关，高技能的员工未必有高的产出；
- 对已达技能顶端的人才如何做更好的激励，这是管理的难点。

第3节 ｜ 基于绩效的薪酬模式

基于绩效的薪酬模式的主要依据可以是企业的整体绩效、部门的整体绩效，也可以是团队或者个人绩效。具体选择哪个作为绩效付酬的依据，要看岗位的性质。

绩效薪酬模式导向的员工行为很直接，员工会围绕着绩效目标开展工作，为实现目标竭尽全力，力求创新和高效是员工行为的准则，而不是岗位薪酬制度下的保守和规范。

主要优点：

- 员工的收入和工作目标的完成情况直接挂钩，让员工感觉公平，"干多、干少、干好、干坏不一样"，激励效果明显；
- 员工的工作目标明确，通过层层目标分解，企业战略容易实现；
- 企业不用事先支付过高的人工成本，在整体绩效不好时能够节省人工成本。

主要缺点：

- 当员工收入依据个人绩效时，会造成部门或者团队内部成员的不良竞争，为取得好的个人绩效，员工可能会减少合作，因此在需要团队协作制胜时，不应过分强调个人绩效对收入的作用；
- 绩效评估往往很难做到客观准确，国内很多企业的绩效考核系统还不完善，如果在这种情况下就将收入和绩效挂钩，势必造成新的不公平，也就起不到绩效薪酬模式的激励作用，高的绩效也许是环境条件造成的，和员工的努力本身关联不大，反之亦然。

　　绩效薪酬模式假设金钱对员工的刺激作用大，长期使用会产生不良的导向，在企业增长缓慢时，员工拿不到高的物质方面的报酬，对员工的激励力度将下降，在企业困难时，员工很难做到与企业"共渡难关"，而可能会选择离职或消极工作。

第4节 ｜ 基于市场的薪酬模式

这种薪酬模式主要着眼于企业关键岗位待遇在人力资源市场中的吸引力与竞争力，强调的是按市场上各类人才的市场价格支付报酬。

在这种模式下，企业要根据所在地区及行业人才市场调查结果绘制出《薪酬职级表》，同时结合不同类型岗位薪酬竞争策略做出适当调整，最终确定每个职级的上限、中位值与下限，从而构成每个岗位任职资格的薪酬变化范围。

供需关系是基于市场的薪酬模式中做薪酬职级调整的要素，这种模式具有较强的市场竞争力和外部公平性，可以将企业内部薪酬同外部人才市场薪酬数据及时挂钩，防止企业关键人才因薪酬待遇问题流失并导致企业竞争力下降。

主要优点：

● 企业可以通过基于市场的薪酬模式吸引和留住关键人才；

● 容易尽快招募到比较合适的关键人才。

主要缺点：

● 企业总体薪酬成本压力较大；

● 薪酬市场数据的客观性非常关键，市场调研成本高；

● 完全按市场付酬会造成企业内部薪酬差距大，新员工可能比老员工待遇高，时间久了会影响企业的内部公平性。

第5节 I 基于能效的薪酬模式

这种模式是一种复合模式。在企业经营管理实践当中，少有企业完全采用前述四种薪酬模式中的一种，往往都是模式要素的组合。无论一个企业的薪酬模式多么复杂，其为员工付酬主要考虑的因素应该是比较明显的，要么是岗位，要么是职能，要么是绩效，要么是市场。

在一个企业中，针对不同的岗位类别，也可以采用不同的薪酬模式，如销售可以是以绩效为主的工资制，职能管理可以是以岗位为主的工资制等。

从企业经营发展的趋势来看，基于绩效的薪酬模式会被广为采用，而完全依据绩效付酬也是有局限性的，绩效要和职能（任职资格）挂钩，之后从工资结构上体现出绩效，相信这是一种非常好的薪酬模式。

本书综合分析岗位薪酬模式、职能薪酬模式、绩效薪酬模式和市场薪酬模式的优缺点，创新提出"能效薪酬模式"：能力+绩效，其中能力通过任职资格体现，绩效通过绩效考核实现。

能效薪酬模式建立的《薪酬职级表》需要通过市场调查来实现，这种方式非常好地综合了岗位、职能、绩效、市场薪酬模式的优势。

第6节 ┃ 企业薪酬模式的选择

综合上述常见的几种薪酬模式，企业在选择薪酬模式时需要考虑企业经营特点、市场竞争、岗位特点等关键要素。

表 4-1　不同薪酬模式适宜的企业类型

薪酬模式	适宜的企业类型
基于岗位的薪酬模式	基于岗位的薪酬模式适合中国的多数企业和多数类别的岗位，是一种目前普遍采用的薪酬制度，采用这种模式的企业中职位级别比较多，企业外部环境相对稳定，市场竞争压力不是非常大。就岗位类别而言，基于岗位的薪酬模式比较适合职能管理类岗位。
基于职能的薪酬模式	基于职能（技能）的薪酬模式适合生产技术是连续流程性的或者规模比较大的服务业，如化工、食品加工、保险、咨询、医院、电子以及汽车等行业。
基于绩效的薪酬模式	处在竞争性强的环境中的企业适宜实施基于绩效的薪酬模式，如 IT 行业等。就企业岗位而言，高层管理人员、销售类的岗位比较适合这种薪酬模式。当然这些岗位是否适合按照绩效考核付酬，还要看企业竞争策略等因素。
基于市场的薪酬模式	对于"有钱就是任性"的企业，人才流动比较频繁、竞争性特别强的企业可考虑基于市场的薪酬模式。而对于企业中可替代性比较强的岗位不适宜考虑这种模式。
基于能效的薪酬模式	即综合薪酬模式，也是本书创新提出的薪酬模式，综合岗位、职能（技能）、绩效、市场的薪酬模式优点，对于很多企业具有更大的适应性。能力和任职资格挂钩，绩效和实际业绩挂钩。

薪酬模式需要通过有效的薪酬结构来实现，从而体现不同职位类型的薪酬管理导向。

第5章

岗位薪酬管控——
找准利益控制关键点

导语

　　企业最常见的职位序列（类型）大体分为5种，即管理序列、营销序列、研发序列、职能序列和操作序列。每种职位序列的员工薪酬结构在实际设计中如何体现激励作用？实施细节如何把控？这是本章需要重点阐述的问题。

带着问题阅读：

- 管理岗位如何做薪酬激励?
- 营销岗位如何做薪酬激励?
- 研发岗位如何做薪酬激励?
- 职能岗位如何做薪酬激励?
- 操作岗位如何做薪酬激励?

第1节 ┃ **管理岗位薪酬管理**

管理岗位是指在企业从事管理工作并拥有一定管理职务的职位，常见的有中层管理干部和企业高管。

关于高管年薪制，在后面的章节中会有详细介绍。

对于企业中层管理者，由于负责管理的职位序列不同，有的管理者管营销、有的管研发、有的管生产、有的管职能，所以这些不同类型管理岗位的薪酬模式需要和其管辖的职位序列相一致，并且利益捆绑形成共同体。

- 营销岗位管理者：绩效工资（奖金）和营销部门整体效益挂钩；
- 研发岗位管理者：绩效工资（奖金）和研发部门的研发目标挂钩，如果企业实行"内部独立核算"机制，那么研发成果的销售业绩也要和研发奖励挂钩；
- 生产岗位管理者：绩效工资（奖金）和企业整体生产效益挂钩；
- 职能岗位管理者：除了基本工资和岗位绩效之外，职能部门管理者的奖金要和企业整体管理效益挂钩。

第2节 | 营销岗位薪酬管理

营销是一种现代经营管理思想，其核心是以消费需求为导向，营销围绕的核心是消费者，消费者或客户需要什么就生产销售什么，这是一种由外向内的思维方式。销售主要是以固有产品或服务来吸引和寻找顾客，销售围绕的中心是产品，与营销相比，销售恰恰相反，是一种由内向外的思维方式。

从一定意义上来讲，营销是战略，销售则是具体战术，企业的营销往往以更加长远的眼光确定大的战略方向和目标，以切实有效的销售战术和谋略达成中短期销售目标。

在现代市场经济条件下，企业的销售队伍对企业的生存和发展所起的重要作用是不言而喻的。销售工作具有很强的独特性：

- 平时或周末工作时间不固定；
- 工作过程很难得到有效监控；
- 业绩不稳定，无法准确预测；
- 只能采用业绩结果的考核方式；
- 人员流动性强，稳定性差。

销售人员提成模式是企业针对销售人员经常采用的激励模式。

提到销售，不得不提的一个概念就是"销售提成"（或者"佣金"），在很多企业中这是销售人员收入的重要来源，这种提成的好处是销售业绩和收入挂钩，多劳多得的方式可以调动销售人员积极性。在管理实践中要特别注意的是，销售提成要结合不同产品的特点制定差异化的提成方式，不能搞"一刀切"，为了激励销售人员将业绩做得更好，可以采用阶梯提成模式。

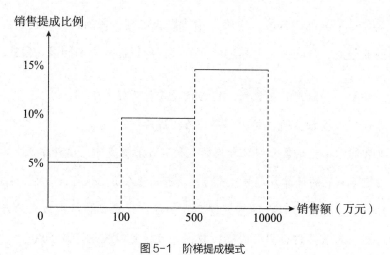

图 5-1　阶梯提成模式

关于销售提成比例设计，参考表单如下。

表 5-1　销售提成比例确认单

职级	销售额	提成比例	备注
销售部经理	10000 万元以上	4%	
	5000 万—9999 万元	3%	
	4999 万元以下	2%	
销售主管	1000 万元以上	7%	
	501 万—999 万元	5%	
	500 万元以下	3%	
销售人员	200 万元以上	10%	
	101 万—199 万元	7%	
	100 万元以下	4%	
销售提成确认规则			
提成兑现时机			
销售提成总体规则	1. 销售部经理提成比例依据所有销售人员的销售总额，个人单独搞定的项目单独核算； 2. 销售主管提成依据所管理的人员团队计算销售总额，个人单独搞定的项目单独核算； 3. 销售人员的提成依据个人销售业绩； 4. 销售人员职级越高提成比例就越低，越是底层销售人员提成比例越高。		

为避免销售额确认分歧，应确定销售提成规则。目前常见的销售提成方式分为按照业务量、合同额、毛利润、回款额、项目提成等不同设计模式。

- 业务量：如以产品销售额、销售数量等作为提成依据；
- 合同额：按照签约合同的金额作为提成比例；
- 毛利润：按照销售合同计算出的毛利润计算提成额，这种方法在实践中要注意毛利润的计算方式并且要得到所有销售人员的认可，否则会引起歧义；
- 回款额：项目签订合同不见得马上回款，这种销售提成方式的好处是引导销售人员签订合同后督促回款，并且按照回款额计算提成；
- 项目提成：这种方式可以依据项目总额，也可以依据项目回款额或者项目毛利润来计算提成。

此外，公司为了激励团队，还可以按照销售团队或者小组设计提成。

关于提成兑现时机，主要包括两种。

- 周期兑现法：如每月、每季度、每半年或者每年度兑现；
- 事件发生法：如销售合同签订、合同首付款到账、尾款到账等。

当然，除了销售提成之外，企业还可以使用的薪酬方案如下。

表 5-2　营销岗位的薪酬方案

薪酬方案	方案定义	主要优点	主要缺点	适合企业
纯工资模式	销售业绩和收入不关联，按照职务确定工资待遇	销售人员安全感比较好	缺乏竞争，没有体现多劳多得	公司产品特别畅销甚至供不应求
底薪＋提成	除了固定工资外，按照销售额一定比例作为提成佣金，这是一种比较常见的销售薪酬模式	固定薪酬有安全感，同时销售业绩和收入挂钩对员工有一定激励作用	薪酬设计比较复杂，提成模式和比例如果不清晰容易产生纠纷	技术含量低、销售范围广的产品，可采用低底薪；专业性强、技术含量高的，可采用高底薪

续表

薪酬方案	方案定义	主要优点	主要缺点	适合企业
底薪＋奖金	在底薪基础上，根据销售业绩给予奖金的模式	同上	同上	产品上市知名度低，市场开拓存在一定困难
底薪＋提成＋奖金	类似"底薪＋提成"模式，只不过激励层次更多	同上	同上	公司计划快速开拓市场，加大激励力度
职级工资制	任职资格不同，销售任务指标不同	销售能力和目标对应，任职资格提升对员工有一定激励作用	任职资格认证比较复杂	公司建立规范的任职资格体系，产品成熟度、稳定度比较高

　　每种激励模式都有明显的优缺点，提成制适合成熟、规范的产品，奖金制适合容易销售的产品，职级工资制适合企业中长期销售项目的运作。具体选择要视企业产品特征而定。

第3节 | 研发岗位薪酬管理

研发人员属于典型的高智力投入的知识型员工，具备专门的知识和技能，与从事生产的员工相比，更注重工作自主性、个性化和多样化，更重视自我尊严和自我价值的实现。因此针对研发人员的考核思路、考核指标以及薪酬模式都具有各自的特征。

业界总结的研发人员主要特征包括以下几点。

● **智力要求高**：研发人员是脑力劳动者，完全靠智力成果体现价值；

● **业绩难衡量**：研发项目是高智力投入活动，工作难度大、业绩显现周期长；

● **流动性较高**：对企业氛围、个人价值认可度以及人际关系敏感，如果人才稀缺，研发人员稳定性会很差，流动性会很高。

由于研发人员拥有高技术、高教育的背景，其在工作方面表现出来的特征与传统类型的员工有着明显不同，这些特征主要表现在对专业领域的忠诚度、对工作环境的要求等方面。

研发人员的劳动过程大多依靠大脑的思维进行，他们的工作产物属于智力成果，需要许多时间来思考、计划、搜寻信息及灵感，甚至和其他专家讨论，许多事情无法被观察，其工作绩效往往需要时间检验才能见分晓，有的时候阶段创造性的成果难以测量。研发人员从事的工作在极大程度上依赖于自身智力的投入，产品无形，难以准确度量。

研发人员可采用的薪酬方案如下。

表 5-3　研发岗位薪酬方案

薪酬方案	方案定义	主要优点	主要缺点	适合企业
固定工资模式	采用高工资的方法	研发人员安全感比较好	缺乏竞争，没有体现多劳多得	基础研究企业
工资+科研项目提成	科研成果产生经济效益后按照销售提成	科研面向市场，避免研发失去市场基础	科研成果提成计算方式比较复杂	产品完全面向市场的企业
工资+项目奖金	参与项目的研发人员享受项目奖金的待遇	参与研发项目多，多劳多得	项目奖金内部如何平衡，实际激励效果难以评估	产品计划快速推向市场的企业
工资+项目提成+项目奖金	上述方式综合	多层次激励模式	计算方式复杂	同上
职级工资制	任职资格不同，研发任务指标不同	研发能力（成果）和任职资格挂钩，体现激励作用	任职资格认证比较复杂	公司建立规范的任职资格体系

第4节 ｜ 职能岗位薪酬管理

职能序列在企业中的岗位类别很多（如财务管理、人力资源、行政管理、商务管理、采购管理等），职能人员的典型特征是以专业的管理技能为企业专业化管理提供支持，职能管理工作日常比较琐碎，流程比较烦琐。

职能人员可采用的薪酬方案如下。

表 5-4 职能岗位薪酬方案

薪酬方案	方案定义	主要优点	主要缺点	适合企业
固定工资	工资一成不变	安全感比较好	没有体现多劳多得	基础研究企业或者国企
基本工资＋岗位＋绩效	引入绩效工资	有一定激励效果	职能类岗位考核相对困难	小微企业或高新技术企业
基本工资＋岗位＋工龄＋绩效	引入工龄工资	增强职业忠诚度	员工不思进取，容易麻木	各种类型企业
基本工资＋岗位＋工龄＋绩效＋奖金	加入各种奖金	多层次激励模式	奖金和公司效益如何挂钩，计算方式复杂	各种类型企业
职级工资制	任职资格不同，职能管理任务目标不同	职能管理能力和任职资格挂钩，体现激励效果	任职资格认证比较复杂	公司建立规范的任职资格体系

第5节 | 操作岗位薪酬管理

操作序列岗位常见的就是企业生产人员，有传统的生产人员，也有现代高科技产品的生产人员，范围很广。生产人员一般学历偏低，多毕业于中专或技校，技能比较专业。

由于生产人员主要是体力劳动者，因此生产型工作对生产型员工的体力要求比较高，身体健康是必须具备的基本条件。生产工作的重复性强，要求生产人员能够严格遵守职位工作的操作规范，执行好职位相关的操作要求。

对生产人员的绩效激励，可考虑采用"底薪+计件工资制"的模式，其中底薪和任职资格挂钩，计件工资和产量（质量）挂钩。

1.计件工资的定义

计件工资是指预先规定好计件单价，根据员工生产的合格产品数量或完成一定工作量来计量工资的数额。

计件工资=计件单价 × 合格产品数量。

计件工资的优点：

- 能够从成果上体现激励的有效性和公平性；
- 有利于工作方法改善，从而提高工作效率；
- 计算方式简单实用。

计件工资的缺点：

- 容易出现追求产量而忽视质量的情况；

- 可能导致工人工作过于紧张或者工作疲劳。

计件工资的适用范围：

- 生产产品的数量和质量主要取决于劳动者个人技能、劳动量及个人努力程度的工作；
- 产品质量容易检查的工种；
- 容易制定劳动定额的工种；
- 生产过程持续、稳定，属于大批量生产的工种。

2.计件工资制的具体形式

表 5-5　计件工资制的不同形式对比

类别	典型特征	主要优点	主要缺点
无限计件工资制	不考虑完成产量多少，均按同一计件单价发工资	生产量越高工资越多，有显著的激励效果	可能带来员工健康问题
有限计件工资制	对超额工资的数额进行限定，规定了个人超额收入的最高限度	可有效防止员工为了多拿工资带来的健康问题	不宜长久使用，一般试行一段时间后应当改为无限计件工资制
累进计件工资制	将产量分为定额内和定额外：定额以内部分按照一种计件单价计算工资，超额部分则按照一种或几种递增计件单价计算工资。一般定额外的计算单价高于定额内，适用于某种产品急需突击增加产量时	累进计件对员工的鼓励作用特别明显，对提高劳动生产率的促进作用比其他计件工资形式更加有效果	工人工资的增加比例超过产量增加比例，使单位产量的边际直接人工成本提高，员工工资增加有可能抵消甚至超出因产量增加而节约的全部间接费用，企业反而得不偿失
超额计件工资制	定额以内部分按照本人的标准工资以及完成定额的比例计发工资，超额部分按照不同等级计发超额计件工资	这种工资形式可以看作对计时工资形式的一种补充，从计时工资向计件工资的过渡	有可能带来员工为了超额产量产生的健康问题

续表

类别	典型特征	主要优点	主要缺点
包工工资制	企业将生产任务发包给承包人，承包方如期完工后获得合同约定的工资总额，承包方内部分配	适合劳动量大、难以精确分解和必须集体进行的工作	承包人可能偷工减料，有时候生产容易失控
提成工资制	个人或者集体按照一定的比例，从营业收入或纯利润中提取报酬的一种工资支付方式	适合一些劳动成果难以事先定量化和不易确定计件单价的工作	合理的提成比例难以明确

无论哪种计件方式，都要根据企业生产特点、生产工人的综合素质、产品特点进行选择。

只有深入研究岗位类型才能有针对性地实施激励方案。

本人专著《绩效考核与薪酬激励整体解决方案》，详细分析了战略管理、企划、市场、营销、项目管理、产品管理、研发、工程、采购、生产、客服、人力资源、行政管理、财务管理、质量管理、后勤人员以及特殊人员的薪酬模式选择和薪酬激励方式，感兴趣的读者可以查阅学习。

第6章

调岗调薪管理——
棘手问题管理有章法

导语

调岗调薪对于企业人力资源配置管理是非常必要的，同时也是最棘手的，稍有不慎就会引起劳动纠纷。

鉴于调岗调薪是近年来企业劳动争议和仲裁的焦点，为此本书专设一章系统阐述调岗调薪究竟怎么做才合规合矩，同时又能体现企业HR高超的管理技巧。

带着问题阅读：

- 调岗调薪有哪些常见误区？
- 调岗调薪风险主要有哪些？
- 调岗调薪实操有哪些技巧？
- 调岗调薪有哪些常见问题？

第1节 ┃ 调岗调薪常见误区

在调岗调薪管理实践中，很多企业管理者和HR或多或少在管理理念方面存在一些误区。

1. "用人单位可以无条件调岗调薪"的误区

很多企业管理者认为，企业对员工拥有至高无上的管理权，在岗位薪酬管理上的任何调整，无须和员工商量，任何情况下企业都可以对员工无条件进行调岗调薪。

对这种管理思想误区，建议重温一下《劳动法》及《劳动合同法》的关键条款。

《劳动法》第十七条规定：订立和变更劳动合同，应当遵循平等自愿、协商一致的原则……

- 法条解释：工作内容和劳动报酬作为劳动合同的必要条款，用人单位必须按照合同的约定履行义务。从一定意义上来讲，调岗调薪实质上是变更劳动合同内容，因此用人单位的调岗调薪权在一定程度上受到限制，用人单位的用工自主权必须受《劳动合同法》约束，用人单位没有合理理由不得随意调整劳动者的工作内容和劳动报酬。

《劳动合同法》第三十五条规定：用人单位与劳动者协商一致，可以变更劳动合同约定的内容。变更劳动合同，应当采用书面形式。变更后的劳动合同文本由用人单位和劳动者各执一份。

● 法条解释：这意味着，在劳动合同没有特别约定的情况下，调整岗位作为合同变更的重要内容，须满足两个基本前提：（1）双方协商一致；（2）采取书面形式。若没有经过协商一致，用人单位单方面决定调岗，员工作为劳动者有权拒绝，凡是拒绝变更的条款应当按原合同约定继续履行。

2. "可根据合同约定条件调岗调薪"的误区

有的企业在劳动合同中与员工约定"可根据需要进行调岗"或者设置其他模糊条件，这种情况下如果有类似条件触发，企业对员工单方面做出的调岗调薪是否有效？

根据《劳动合同法》第三条规定，订立劳动合同，应当遵循合法、公平、平等自愿、协商一致、诚实信用的原则。依法订立的劳动合同具有约束力，用人单位与劳动者应当履行劳动合同约定的义务。

企业可以和员工约定非常具体的调岗调薪条款，前提是企业在实施岗位调整时依然应当遵守以下规则。

● 调整岗位必须具有充分合理性，调整后的岗位与调整前的岗位应有一定的关联或者就调岗有事先的君子约定；

● 劳动者被调岗后能胜任新的工作，如果劳动者不具备胜任新岗位的能力，用人单位还应当负责培训以使劳动者能适应新的工作岗位；

● 调岗前应履行必要的告知和解释义务，调岗调薪必须做到"有理有据有节"的原则。

3. "所有调岗调薪都必须经过员工同意"的误区

法律法规对企业也设有保护条款，并非所有的调岗调薪都必须与劳动者协商。以下3条途径无须协商即可对员工调岗。

● 国家法律法规规定的调岗：如《劳动合同法》第四十条、《工伤保险条例》第三十六条、《女职工劳动保护特别规定》第六条等，对于劳动者不胜任工作、因公致残，或者女职工在"三期"等条件下企业如何调岗都有非常明确的规定；

- 劳动合同约定调岗调薪：内容充分合理并且已对劳动者告知，劳动者知情；
- 企业有明确的规章制度：只要经过民主发布流程的规章制度具有合法性，企业就可以根据规章制度对员工调岗调薪。

关于对劳动者调岗的同时企业是否有权对劳动者做薪酬调整，在日常管理实践中，如果劳动者的劳动报酬随岗位调整而降低，劳动争议就可能因此而产生。

调薪实质上涉及劳动合同的变更，因此降低劳动报酬必须取得劳动者的同意。但是法律也不排除双方的君子约定，只要劳动合同中对调岗调薪有清晰合理的约定，或者企业规章制度有明确规定，那么用人单位就可以在调岗的同时对员工做出调薪。

第2节 丨 调岗调薪主要风险

岗位和薪酬涉及劳动者的切身利益，调岗调薪操作不慎就会带来纠纷，在人力资源管理实践中存在以下几种常见风险。

1.企业滥用管理权，擅自调岗调薪

前面阐述过，有的企业管理者认为员工的岗位和薪酬待遇管理是企业的"特权"，任何情况下企业都可以对员工无条件进行调岗调薪。

企业单方调岗调薪极易引发劳动纠纷，一旦发生仲裁，很多企业容易败诉乃至经济赔偿。所以，作为企业各级管理者在进行涉及员工切身利益方面的调整时一定要慎重。

2.调岗调薪管理证据不足

法律法规对企业调岗调薪管理方面设有保护条款，并非所有的调岗调薪都必须与劳动者协商。但是在实际管理工作中，很多企业都对劳动者的管理缺乏证据意识，一旦发生劳动争议就可能面临败诉的风险。

管理证据是对劳动者调岗调薪的依据，收集管理证据的目的是避免劳动分歧和纠纷。证据收集要确保客观公正和有效，篡改证据、伪造证据在劳动仲裁时都是无效的。

3.调岗调薪缺乏程序管控

企业对劳动者做出调岗调薪要符合国家法律法规以及企业规章制度，企业规章制度要对调岗调薪流程做出清晰阐述，避免调岗调薪随意性。

　　例如，劳动者不胜任工作时的调岗调薪，作为企业管理者日常收集员工"不胜任工作的证据"非常关键，用人单位要有充分的证据证明劳动者不胜任工作，而且该证据必须客观、真实和公正。如果用人单位没有对劳动者做出客观公正的绩效考核，没有规范的绩效考核管理制度，考核内容没有得到劳动者的书面认可，考核结果没有经过劳动者确认……都容易造成调岗调薪的失败，极易引起劳动纠纷。

第3节 ┃ 调岗调薪实操技巧

尽管用人单位在调岗调薪方面存在一些误区，但是如果 HR 操作得当，完全可以避免法律风险。

1.必须规范岗位管理顶层设计

俗话说"凡事预则立，不预则废"，员工岗位管理是企业人力资源最基础的管理事务，岗位调整涉及薪酬调整，如何有效设计，这是企业必须加强的管理基本功。

规范公司内部岗位异动的管理，特别是对不胜任员工的管理，通过规范化的待岗管理，避免劳动纠纷。

基于岗位管理目标、制度设计思路和关键风险点防范，参考制度如下。

实操范例 员工岗位管理规范

1.目的

为了规范岗位调整和待岗规范，提高岗位管理针对性，特制订本项管理规定。

2.适用范围

本项管理规定适用于公司各部门全体员工。

3.管理原则

公司员工岗位管理坚持"按需设岗"和"易岗易薪"原则。

● 按需设岗原则：各岗位工作饱和度不低于80%，否则一律做岗位合并和调整；

● 易岗易薪原则：员工岗位调整，薪酬则随之调整。

4.岗位管理组织

公司所有岗位设置由人力资源部负责牵头组织安排。

5.岗位管理总规定

● 公司组织机构或部门职能发生重大变化，通过《公司组织结构调整和岗位调整通知》告知全体员工；

● 人力资源部将依据公司组织机构变化定期组织相关部门开展岗位分析，优化岗位设置，提高岗位效率；

● 公司岗位分为××类，主要包括管理类、研发类、营销类……

● 员工调岗通过《员工岗位调整申请书》实施调整；

● 公司各部门负责制定本部门符合客观情况的《岗位说明书》，提交人力资源部统一纳入配置管理，由新员工入职时签署。

6.调岗调薪管理规定

● 员工不胜任岗位必须调岗调薪：依据员工签署的《岗位说明书》和绩效考核结果，考核成绩低于60分视同不胜任岗位；

● 员工不胜任岗位所调整的岗位……（请根据实际要求进行补充）

● 员工不胜任岗位调岗调薪流程……（请根据实际要求进行补充）

7.岗位异动管理规定

（1）岗位异动分类

员工岗位异动分为平调、轮调、升调、下调和借调。

● 平调：是指在岗位薪酬不变情况下的职位变动；

● 轮调：也叫轮岗，是指岗位交叉轮换以提升工作效率和激情；

● 升调：是指在职位级别或薪酬向上调整的职位变动；

● 下调：是指在职位级别或薪酬向下调整的职位变动；

● 借调：非本单位内部借调人员。

（2）岗位异动管理

● 经协商达成一致的调岗通过《员工岗位调整审批表》审批后执行；

● 员工岗位发生异动，根据需要重新确认《岗位说明书》；

● 根据"易岗易薪"原则，员工岗位发生异动的，薪酬随之发生变化；

● 劳动者拒绝调整岗位的，按违反劳动纪律的方式处理。

8.待岗管理规定

（1）待岗条件相关规定

员工有下列情况之一，必须无条件按照待岗处理：

● 员工月度绩效考核为××级或者连续两个月度绩效考核为×××级的；

● 部门经理季度考核为××级或者连续两个季度绩效考核为×××级的；

● 任职资格评定考试不合格，不胜任本岗位工作需要待岗培训的；

● 企业转产、重大技术革新或者经营方式调整导致原岗位不存在的；

● 部门裁撤导致公司组织结构调整，没有任何工作任务安排的；

● 内部岗位竞聘失败，公司没有岗位安排的；

● 其他员工必须接受待岗的情形。

凡是待岗人员必须接受公司待岗培训，经考核合格后上岗。

（2）待岗流程

员工所在部门经理向人力资源部提交《员工待岗审批表》，经公司领导批准后由人力资源部下发《员工待岗通知书》，待岗员工持通知书等待待岗培训安排。

（3）待岗培训管理规定

凡是符合待岗条件的员工必须接受待岗培训。

● 培训时间：不超过30天；

● 培训地点：公司将对待岗人员进行统一管理；

● 学习形式及内容：自学或公司内训师培训等方式；

● 待岗考试结果：培训期结束后根据考核（考试）成绩确定新的岗位及工资。

（4）待岗期间待遇

● 因员工本人原因待岗：按照《企业工资集体协商协议》约定的最低工资执行，培训期结束后根据考核成绩确定转岗后的岗位及岗位工资；

● 非因员工本人原因待岗：在一个工资支付周期内按照原工资发放，超过一个工资支付周期的按照当地最低工资执行。

9.制度生效

本项管理制度经公司员工代表大会审议通过，经总经理批准，自20××年××月××日正式生效，本项制度最终解释权在人力资源部。

　　每个公司的岗位管理都有其特殊性，可根据企业实际需求进行调整，要特别注意的是，调岗调薪方面的制度要非常细致。

特别说明的一点是，公司有规范的岗位管理制度/规范，在《员工手册》中加以宣贯并有完备的"君子约定"，由新员工入职时签字生效，可解决70%—80%的调岗调薪沟通问题。

《岗位说明书》是规范公司岗位管理的纲领性文件，参考如下。

表6-1　岗位说明书

岗位名称		岗位子类	
员工姓名		所属部门	
工作目标			
岗位职责	工作内容	工作规范	对应工作成果要求

续表

岗位任职资格		
基本条件	学历要求	
	专业要求	
	工作经验	
必备知识和技能	专业知识	
	专业技能	
	职业认证	
关键素质和能力	××××	
	××××	
其他要求		
可调整岗位	依据员工职业发展，可调整的岗位如下： （1）在×××条件下可调整为××××岗位； （2）在×××条件下可调整为××××岗位； （3）在×××条件下可调整为××××岗位。	
员工确认	本人已详细阅读本《岗位说明书》内容，知晓本人所从事岗位的要求，并同意按照公司《岗位管理制度》中的相关规定进行岗位管理。 员工（签字）： 20 年 月 日	

【使用须知】《岗位说明书》中列举并确认员工可调整的岗位和条件。

2.协商调岗调薪

俗话说"顺着好吃，横着难咽"，任何管理问题的本质都是"有效沟通"。

企业为何对员工进行调岗调薪？只要有充足的理由、合情合理的情境，对员工动之以情晓之以理，相信很多问题都会有圆满的结果。

调岗调薪最好的方式是协商一致取得共识，作为企业管理者在与员工沟通前要做足功课：

● 调岗调薪缘由：要客观和真实，避免主观臆断，如企业面临生产经营困难或者客观情况发生重大变化，都有非常客观的证据；

- 新岗位任职资格：要明确告知劳动者新岗位的任职资格、工作职责、薪酬福利待遇以及未来职业发展规划等；
- 合理过渡：调岗调薪要给劳动者合理的考虑时间，不要让劳动者有被逼迫的感觉。

作为企业各级管理者，特别是HR要有足够的调岗调薪管理风险意识，书面内容能让劳动者签字的就尽量签字，甚至可以采用录音录像等方式保留必要的证据。

协商好调岗调薪后，可通过《员工调岗调薪审批表》落实签字备案，防止后续出现劳动纠纷。

表 6-2 员工调岗调薪审批表

员工姓名			员工号		
入职时间			所在部门		
职位 / 岗位			申请日期		
主要异动内容	变动项	从	到		备注
	岗位调整				
	薪酬调整				
	建议生效日期			年　月　日生效	
调整原因说明（部门负责人填写）					
员工签字确认	员工确认：□同意调整　□不同意调整　　　　　　　　　　　员工（签字 / 日期）：				
审批栏	（根据公司实际审批顺序和权限完善）				

【使用须知】用本表做调岗调薪审批非常高效，如果涉及调岗、下调薪酬，员工本人必须亲自签字确认（任何人不得代签），上调薪酬或者职位晋级可不需要员工签字确认。

　　《最高人民法院关于审理劳动争议案件适用法律问题的解释（一）》第四十三条在一定程度上突破了《劳动合同法》的规定，有条件地承认实际履行的法律效力。尽管用人单位调岗调薪没有采取书面形式，但是只要劳动者在新岗位上的工作时间超过一个月期限，就视同承认调岗调薪的法律效力。当然，为了避免风险，建议还是签字稳妥！

3.不胜任工作调岗调薪

　　根据《劳动合同法》第四十条的规定，劳动者不能胜任工作，经过培训或者调整工作岗位仍不能胜任工作的，用人单位提前三十日以书面形式通知劳动者本人或者额外支付劳动者一个月工资后，可以解除劳动合同。这一条间接规定了，在员工不胜任现有岗位的前提下企业有单方面对员工调岗的权利。

　　《劳动部关于〈中华人民共和国劳动法〉若干条文的说明》（劳办发［1994］289号）第二十六条第三款规定："本条第（二）项中的'不能胜任工作'，是指不能按要求完成劳动合同中约定的任务或者同工种、同岗位人员的工作量。用人单位不得故意提高定额标准，使劳动者无法完成。"

　　对于劳动者不能胜任工作，我们必须搞清楚以下几个关键实操问题。

　　（1）如何证明员工不胜任工作？

　　对用人单位而言，为了确保考核的客观公正性，在实际管理中对于岗位考核目标，能量化的尽可能量化，避免主观评价（如态度好坏等）。

　　企业中最容易考核的是销售岗位，原因是销售目标和数据结果都非常客观，最难考核的是职能管理岗位，这种岗位不是以数量为目标进行考核，往往争议极大，用人单位对类似岗位考核的客观性、合理性以及合法性均容易被否认。

一个简单的做法是"失误法"，如将岗位工作失误分成几类，每一类如何评分（倒扣分），这些工作失误一般很容易确认。

（2）企业如何有效考核？

对个别员工单独考核存在风险，作为企业必须有成型的考核管理制度：

- 绩效考核制度的制定要履行民主程序并且需要将制度告知所有劳动者，也即要按《劳动合同法》第四条的规定履行相应的程序；
- 绩效考核依据要详尽、可操作性强，考核尽可能不存在分歧，考核内容要尽量避免主观判断，保证客观；
- 与被考核者保持友好的绩效沟通，考核过程和结果均由劳动者签名确认，如能做到这一点，绩效考核证据会非常客观公正。

此外，在绩效考核制度中明确规定如果劳动者不签名确认考核过程和结果，用人单位可以用公告或者邮件等方式告知，并规定如有异议应在一定时间内提出，否则视为认可。

（3）不胜任工作调整岗位是否需经过协商？

根据《劳动合同法》第三十五条的规定，变更劳动合同应双方协商一致，但在不胜任工作的情形下这一点并非前提条件。

原劳动部曾经对此做过解释。《关于职工因岗位变更与企业发生争议等有关问题的复函》（劳办发〔1996〕100号，现已失效）第一条规定："关于用人单位能否变更职工岗位问题。按照《劳动法》第十七条、第二十六条、第三十一条的规定精神，因劳动合同订立时所依据的客观情况发生重大变化，致使原劳动合同无法履行而变更劳动合同，须经双方当事人协商一致，若不能达成协议，则可按法定程序解除劳动合同；因劳动者不能胜任工作而变更、调整职工工作岗位，则属于用人单位的自主权。对于因劳动者岗位变更引起的争议应依据上述规定精神处理。"

　　为了防止在合理的岗位调整下劳动者拒不到岗的情形出现，建议在劳动合同中约定或在规章制度中规定，劳动者拒绝调整岗位的可按违反劳动纪律的方式处理。

　　（4）调岗后是否可以调薪？

　　薪随岗变是劳动合同履行及变更的基本条款，实践中为了避免争议，双方应在劳动合同中约定当劳动者的工作岗位调整时薪随岗变，调整后的薪酬按照企业同等岗位薪酬上下限范围实施。

4.协议约定调岗调薪

　　用人单位可以和劳动者在劳动合同中约定调岗调薪的条件，但必须客观公正并且合情合理，如果违反了上述原则很可能仲裁败诉。例如，有些用人单位可能在《劳动合同》中做出这样的约定："甲方（用人单位）有权根据其生产经营的需要以及劳动者的工作情况随时调整乙方（劳动者）的工作岗位，其劳动报酬根据岗位的变化而调整，劳动者不得拒绝"，这种条款看起来就会让人感到企业过于霸道，事实上类似条款已经排除了劳动者的主要权利，很容易被仲裁机构认定为无效条款。

　　《劳动合同》的措辞非常重要，在《劳动合同》约定调岗调薪时既不能排除劳动者的主要权利，同时还要达到调岗调薪的目的，从而实现一箭双雕的效果。

针对上述条款，如果修改成"乙方（劳动者）同意甲方（用人单位）可以根据本单位经营变化以及乙方工作情况，调整乙方的工作岗位以及劳动报酬"这样的措辞，实际效果更好。

5.法定条件下的调岗调薪

作为企业各级管理者乃至HR管理者，必须学会运用法律法规维护企业的利益。

HR在依据规章制度调岗调薪时要注意以下问题：规章制度的制订，内容必须合法，不得违反法律法规的禁止性规定，而且规章制度的内容要合理；规章制度的制定程序要合法；调岗调薪是出于生产经营需要，调整岗位后劳动者的工资水平应与原岗位工资水平基本相当，而且不具有侮辱性或惩罚性；调岗调薪要遵循规章制度中有关程序性的规定，即程序合法。

事实上，我国劳动法律法规没有明确规定用人单位调岗调薪的条件和程序，但是有些法律条文暗含了可以调岗调薪的情形，作为HR要掌握这些条款的精华。

例如，《劳动合同法》第四十条规定，有下列情形之一的，用人单位提前三十日以书面形式通知劳动者本人或者额外支付劳动者一个月工资后，可以解除劳动合同：

（一）劳动者患病或者非因工负伤，在规定的医疗期满后不能从事原工作，也不能从事由用人单位另行安排的工作的；

（二）劳动者不能胜任工作，经过培训或者调整工作岗位，仍不能胜任工作的；

（三）劳动合同订立时所依据的客观情况发生重大变化，致使劳动合同无法履行，经用人单位与劳动者协商，未能就变更劳动合同内容达成协议的。

关于劳动者不能胜任工作前面已做详细阐述，这里补充几个要点：

（1）劳动者患病或者非因工负伤，在规定的医疗期满后不能从事原工作，也不能从事由用人单位另行安排的工作的

这里需要强调的，一是引起调岗调薪的原因必须是劳动者患病或者非因工负伤；二是必须给予劳动者法定的医疗期；三是规定的医疗期满后劳动者无法从事原工作。

例如，劳动者的原岗位是机床操作工，由于身体负伤，劳动者不再具有作为机床操作工的基本条件，用人单位可以调岗调薪。

（2）劳动合同订立时所依据的客观情况发生重大变化

这里所说的"客观情况"指的是发生不可抗力或出现致使劳动合同全部或部分条款无法履行的其他情况，常见典型情况如企业向外地迁移、被兼并或者企业资产转移等。

需要强调的一点是，绝不能把用人单位发生的所有情况都归入"客观情况"并作为企业行使调岗调薪权不合理的理由，必须是"客观情况"变化导致了企业经营发生困难，或者与劳动者原来签署的劳动合同无法履行。此外，由于企业转产、重大技术革新或者经营方式重大调整，必须调整劳动者工作岗位，这也是非常合理的。

第4节 ┃ **调岗调薪常见问题**

调岗调薪本质上就是企业与员工已经签署《劳动合同》关键条款的变更，我国法律明确用人单位享有用工自主权以及劳动报酬分配权等，而调岗调薪在一定程度上就是用工自主权以及劳动报酬分配权的具体体现。

作为企业各级管理者乃至HR，必须充分认识调岗调薪存在的误区以及法律风险，并在调岗调薪中运用典型的管理技巧避免劳动风险，最大限度减少用人单位的经济损失乃至雇主品牌的损失。

员工调岗调薪涉及的典型问题非常多，笔者根据实际管理经验做了提炼，希望对广大读者有所帮助。

1.员工不服调岗拒不到岗可否认定为旷工？

调岗往往涉及员工的切身利益，如调岗后涉及薪酬待遇调整，因此调岗调薪往往会受到员工的抵制乃至明确拒绝，有时也会遇到员工以调岗不合理为由拒绝上班上岗，在这种情况下，用人单位可否以该员工"旷工"的名义对员工进行纪律处分或者以"严重违纪"为由解除劳动合同呢？

首先，以旷工名义行使合同解除权需要基于两个重要前提：一是岗位调整合法合理并且有法律依据和事实依据，如果岗位调整不具备合理合法性，对员工实施纪律处分也就失去了根本依据；二是员工行为属于"旷工"，旷工一般是指排除不可抗力因素影响以及员工无法履行请假手续情况，职工不按规定履行用人单位规定的请假手续，又不按时上下班。

所以，对于员工不服从调岗的，企业应当注意审查调岗的合理性和合法性，不要急于做出旷工的处分决定，在双方处于劳动争议状态时，特别是员工已经申请仲裁的特殊情况下，用人单位以旷工为由对员工做出处分的行为往往会被认定为无效。

2.不胜任工作的调岗可否同时调薪?

企业调岗的一个目的就是对员工进行合理的调整薪酬，否则对许多企业而言调岗事实上也就失去了管理价值和管理意义。

对于劳动者不胜任工作的情形，法律明确规定用人单位有合理调岗的权利，但用人单位调岗的同时是否可以调整劳动者的薪酬呢?

从现有国家法律规定来看，劳动报酬是劳动合同的一项关键条款。对于薪酬待遇的变更是否需要经过协商一致才能生效? 如果员工同意调岗但不同意调薪怎么办? 调岗的同时是否必须对员工薪酬做出调整呢?

企业岗位管理规范如果包含了岗位的薪酬管理，那么对员工进行岗位调整必然伴随着岗位报酬标准的变动，法律规定了企业在员工不胜任前提下可调岗，其让渡的应当是完整的岗位管理权，该权利包括履行新的岗位薪酬标准以及新的考核办法。

员工因不胜任工作而被调整到新的岗位，其薪酬应当根据新岗位的标准确定，否则有违"同工同酬"的基本立法思想。为了防止企业调薪权利的滥用，企业在调薪操作时应当基于以下几个前提:

● 企业岗位管理制度包含了岗位的薪酬管理详细规定;
● 企业薪酬管理制度中有明确的岗位职系和薪酬对应标准。

如果企业无薪酬和岗位相关规定，或者劳动合同没有详细约定，调岗后的薪酬标准应当由双方协商确定，而不能由用人单位单方擅自确定。

此外，企业要与员工通过书面签字方式确定新的岗位与报酬标准，作为劳动合同变更的一部分。

3.用人部门取消可否成为企业单方调岗的合法理由?

《劳动合同法》规定,企业因客观情况发生重大变化,致使劳动合同无法履行,经用人单位与劳动者协商,未能就变更劳动合同达成协议的,用人单位提前三十日以书面形式通知劳动者本人或者额外支付一个月工资后,可以解除劳动合同。依此规定,很多用人单位认为,部门取消所导致的岗位消失应属于客观情况发生重大变化,企业不仅可以调岗,还可以解除合同。

根据《劳动部关于〈中华人民共和国劳动法〉若干条文的说明》,所谓的"客观情况"是指:发生不可抗力或出现致使劳动合同全部或部分条款无法履行的其他情况,如企业迁移、被兼并、企业资产转移等,并且排除"用人单位濒临破产进行法定整顿期间或者生产经营状况发生严重困难"的情形。

由此可见,这里所说的客观情况的界定应以"非主观因素"为标准,关于部门取消必须根据取消的根本原因来做界定:如果是由于企业合并或分立等非企业主观方面原因造成的,部门取消当属客观情况;如果因公司组织架构调整或者企业单方决定取消部门,则应当理解为"企业自主管理"范畴,这种情况下不属于客观情况,不能成为企业单方调岗的合法理由。

4.调岗后员工反悔怎么办?

《最高人民法院关于审理劳动争议案件适用法律问题的解释(一)》第四十三条规定:"用人单位与劳动者协商一致变更劳动合同,虽未采用书面形式,但已经实际履行了口头变更的劳动合同超过一个月,变更后的劳动合同内容不违反法律、行政法规且不违背公序良俗,当事人以未采用书面形式为由主张劳动合同变更无效的,人民法院不予支持。"

由此可见,口头变更只要履行超过1个月就会造成事实的调岗,员工反悔也无效。为了防止类似事件发生,还是建议企业调岗时采用书面签字确认的方式。

5.劳动合同中约定"公司有权根据经营情况随时调整员工的工作岗位，员工无条件接受"，实际实施是否有法律效力？

用人单位在企业管理中处于主导地位，有时会发生用人单位与劳动者权利不平衡的情形，如有的用人单位经常在劳动合同中对岗位做"公司有权根据经营情况随时调整员工的工作岗位，员工无条件接受"的约定，看起来好像很有效，事实上即使有了这种类似的约定，用人单位也不能任意调整员工的岗位，否则极易引起劳动纠纷。

在有此种约定的情况下，用人单位对员工的岗位调整是否合法，需根据客观实际情况进行分析判断，原则上调岗最好还是友好协商。

当然，如果用人单位对岗位调整有充分的合理理由，再结合双方的类似约定，这种情况下发生的岗位调整会被认为是合理的。

第7章

企业高管和核心骨干激励——
让发动机动力十足

导语

　　企业实施中长期激励的主要目的，就是让企业领导和核心骨干更加关注企业的长期发展，不断增强企业凝聚力，激发员工的创造性和聪明才智，将员工利益与公司长期发展利益挂钩，形成利益共同体和命运共同体，吸引并保留优秀人才，最终实现企业与员工价值双赢。

带着问题阅读：

- 企业高管年薪制应该怎么做？
- 上市与非上市公司如何激励？
- 核心骨干股权激励有何秘笈？

第1节 | 企业高管年薪制设计

根据我国《公司法》第二百一十六条的规定，高级管理人员是指公司的经理、副经理、财务负责人，上市公司董事会秘书和公司章程规定的其他人员。

在企业中，具有经营决策权、对企业经营管理总目标负责的人一般称为高管；负责中心或部门级工作计划、控制和组织实施管理的人称为中层主管；负责日常工作指挥和监督的人则属于基层主管。

高层管理人员是指对整个企业的管理负有全面责任的人，对于现代企业来说，企业高管（高层管理人员）的工作业绩决定该企业总体经营管理水平，也决定企业经营效益和未来发展潜力。

提到企业高管，一个必须提到的概念就是"年薪制"：年薪制是指以年为单位，按年确定和支付经营管理者报酬的一种工资报酬制度。年薪的高低主要取决于经营者所具备的经营企业的能力、业绩和贡献。

1.年薪制管理原则

- 报酬与业绩挂钩：企业经营者的年收入和经营业绩相联系，年度取得的业绩越好则年薪越高；

- 报酬与风险关联：企业经营者的年收入与其承担的风险相联系，承担的风险越大则年薪越高；

- 整体激励的原则：总体收入与风险报酬、短期激励与长期激励相关。

2.年薪制构成

年薪制的形式主要有岗位年薪制、效益年薪制、岗位效益年薪制、市场价位年薪制等。目前很多企业实行岗位效益年薪制。

岗位效益年薪制是主要依据企业规模、行业特点、经营管理难度以及经营业绩来确定经营者年度收入的一种分配形式。它的构成包括基本年薪、效益年薪和激励性奖励三个部分。

用公式来定义，经营者岗位效益年薪=基本年薪+效益年薪+激励性奖励。其中：

- 基本年薪：由年薪制岗位（职位）所决定，基本年薪一般按月发放；
- 效益年薪：又叫"风险年薪"，和经营者承担的风险相关，和经营效益挂钩，为了确保激励有效性，可以设置底线目标（低于底线没有绩效）、努力完成目标（跳一跳能够得着的目标）以及拼命完成目标（必须充分发挥全部潜能才能完成的目标）等，同时不同目标的实现结果和不同的风险年薪比例挂钩，绩效薪酬可以分段设置从而起到不同目标的激励效果；
- 激励性奖励：包括短期激励报酬（年终奖金与分红）和中长期激励报酬（股票期权）等。

3.年薪制模式优缺点

主要优点：薪酬与公司的整体效益直接挂钩，将公司的发展与个人的回报进行捆绑，充分激励核心管理人员对公司的发展负责；将掌握公司最多信息和资源的岗位与公司的荣辱兴衰紧密相连，促进了资源、权利等的效用最大化，有利于公司年度绩效的提升。

主要缺点：经营者收入与公司年度业绩密切相关，容易导致经营者为了达到短期利益不择手段的短期行为（短视行为），必须和中长期激励关联起来。

4.年薪制方案设计注意事项

关于基本年薪与效益年薪的比重：制度试行期间，效益年薪控制在底薪的 2—3 倍一般来讲比较合理，这样可起到足够的激励作用。

效益年薪的考核，务必确定好考核评价指标：考核指标要结合企业经营目标，逐步分解为具体的考核指标和权重，必须在年初签署《年度绩效考核任务书》，以此作为考察评价经营者业绩的主要指标。

制定企业高管激励制度并不太难，难的是制定出一个务实、高效的高管激励制度。企业高管的激励除了必须与具体的、可量化的业务考核体系相配合之外，还与许多不太好量化的、不可控的以及人文因素有关。

第2节 丨 **核心骨干的股权激励**

股权激励是指通过多种方式让核心骨干和经理层拥有本企业的股票或股票期权，使员工与企业发展实现共享利益，从而在企业经营者、员工与公司之间建立一种以股权为基础的激励约束机制，进而鼓励员工为公司长期发展服务的一种激励方式。

股权激励的核心目的在于降低企业运营资金压力，通过股权持续回报老员工，通过股权激励吸引并留住核心骨干，持续提升公司业绩，此外通过完善的股权激励完善公司治理架构以实现公司持续健康发展。

股权激励的本质在于用企业未来预期的利润激励现在的核心骨干，如果是上市公司，就是用社会的财富激励自己的员工，把员工与企业利益捆绑在一起，从而达成个人与企业共同发展、持续双赢的目的。

股权激励最常见的类型包括员工持股和股票期权两种方式。

1.员工持股

员工持股涉及公司股权激励架构的设计问题。这种方式的实施要点是企业给予核心骨干员工一种以"特定价格"购买公司股票的权利，员工可以出资认购本公司的部分股份。这种激励模式在实施过程中一般是委托公司工会或职工持股会持股（也就是常说的"代持"方式）。

在企业管理实践中，员工持股分为实股和虚股两种类型。

- 实股：通过大股东内部转让、增资扩股或者市场回购，员工以现金、贷款或者奖金等支付方式购买企业股份，实股的好处是可享受年度分红并且可自由转让，享有股东权益，享有表决权，但是员工享有实股的，企业需要进行工商注册变更手续；

- 虚股：虚股也叫"干股"或者"虚拟股"，这种股票不是真实意义上的股票，股票只是作为一种计价基础来实现对员工的激励作用，通常通过契约的方式来体现，虚股不享有股东权益和表决权，但是可参与企业发展的决策。

一般来讲，员工持股分为直接持股和间接持股两种方式。

直接持股最受员工欢迎，但是一旦员工离职抛售股票，企业没有任何约束机制，对于团队稳定性有一定的影响，所以间接持股的方式使用得比较多。

间接持股，可以通过"有限公司"的方式，还可以通过"有限合伙"的方式。

- "有限公司"方式：要按照持股比例来行使表决权，作为大股东，他必须在有限公司里占有比较大的股份才可以拥有话语权；
- "有限合伙"方式：合伙是契约式的企业，合伙不具有法人资格，合伙的产权结构是一元结构，合伙人分为两类，一类是GP（普通合伙人），另一类是LP（有限合伙），而根据法律规定，不管在有限合伙平台里占股份多少，必须由GP作为有限合伙的执行合伙人，所以他可以充分利用有限合伙平台这个杠杆，对持股平台持有的企业股份行使表决权。

有限公司和有限合伙的方式还有一项重要区别是在税负方面，员工持股平台以"有限公司"方式取得企业分红时，"有限公司"不需要再缴企业所得税，但员工持股平台向其成员分红的时候，要缴纳20%的个人所得税；而有限合伙是先分后税，有限合伙方式的税率应该是3%到35%。

2.股票期权

股票期权是公司给予员工的一种权利，持有这种权利的员工可以在规定的时期内以事先约定的股票期权行权价格购买本公司股票。

股权激励模式目前主要存在于上市公司中，这方面的法律规定也比较完善。然而随着公司治理结构的快速发展，越来越多的非上市公司也在采取股权激励的方式吸引和留住核心人才。但对于非上市公司的股权激励，目前我国尚缺乏明确的法律法规指引。

上市公司和非上市公司的主要区别如下：

- 上市公司相对于非上市公司而言对财务披露的要求更严格；
- 上市公司的股份可以在证券交易所挂牌进行自由交易流通，非上市公司不可以；
- 上市公司和非上市公司的问责制度不一样；
- 上市公司通过公开增发股票能取得社会资源整合的目标，非上市公司则没有这个权利；
- 上市公司是通过证券交易市场来形成，而非上市公司则通过各种场外市场来形成。

从股权激励的具体方式来讲，上市公司的股权激励一般是以限制性股票和股票期权的方式来实现。而非上市公司的股权激励则更加灵活多样，除股权激励形式外还可以采用非股权激励方式，如虚拟股票、增值权以及企业经营分红计划等。

非上市公司的股权激励常见方式有：赠与股票、购买股票、期股和虚拟股份等，其收益来源则是企业经营的利润。

（1）赠与股票方式

是指公司现有股东拿出部分股份一次性或分批赠与被激励对象，在赠送股票时公司可以通过契约设置股票赠与的附加条件，如要求接受赠与者签订一定期限的劳动合同，必须在设置考核期内完成约定的考核业绩指标等；赠与者也可以不设置附加条件采用无偿赠与的方式。

（2）购买股票方式

是指公司现有股东拿出一部分股份授予被激励者，但被激励者需要支付现金或用知识产权（如专利等）交换获得股份。被激励者获得的是完整的股权，拥有股份所具有的所有权、表决权、收益权、转让权和继承权。对于非上市公司而言，购买股份的价格可以是买卖双方认可的任何价格，但通常为每股净资产或相关的价格。

（3）期股方式

是指公司现有股东一次性给予被激励者一定数额股份的分红权和表决权（这部分股份称为"虚股"），被激励者按事先约定的价格用所得红利分若干年购买这部分虚股，将之转化为实股（即"行权"）。被激励者所得分红如果不足以支付购买虚股所需要的资金则可另行筹措资金补足购买虚股的资金，无力购买部分可以放弃行权。

（4）虚拟股份方式

是指公司现有股东授予被激励者一定数额的"虚拟股"，被激励者无须出资即可享受公司价值的增长，增长利益的获得需要公司支付，不需要设计股权的退出机制，但是被激励者只有分红权，而没有表决权、转让权和继承权。被激励者离开公司将失去继续分享公司价值增长的权利；公司价值下降，那么被激励者将得不到收益；此外如果被激励者绩效考评结果不佳将影响到虚拟股份的授予和生效。

上市企业作为公众公司，不仅要求企业财务状况公开化，其激励方案受相关法规监管也非常严格，需要受《公司法》《上市公司股权激励管理办法》等规定的约束，如果是国有控股公司还要受《国有控股上市公司（境内）实施股权激励试行办法》《国有控股上市公司（境外）实施股权激励试行办法》的监督和管束，其股权激励方案较为透明。

由于相关法规的规定，上市企业的股权激励以股票期权、限制性股票和股票增值权等方式为主。

（1）股票期权

股权激励的一种典型模式，期权又称为选择权，指公司授予激励对象的一种权利，激励对象可以在规定的时期内以事先确定的价格购买一定数量的本公司流通股票，也可以放弃这种权利。股票期权的行权也有时间和数量限制，且需激励对象自行为行权支付现金。

（2）限制性股票

指公司事先授予激励对象一定数量的股票，但对股票来源和抛售等有一些特殊限制，一般只有当激励对象完成特定目标（如扭亏为盈）后，激励对象才可抛售限制性股票并从中获益。

（3）股票增值权

指公司授予激励对象的一种权利，如果公司股价上升，激励对象可通过行权获得相应数量的股价升值收益，激励对象不用为行权付出现金，行权后获得现金或等值的公司股票。

上市公司股票定价与非上市公司股票定价有着显著不同，上市企业的股票定价因相关法规明确、市场化和透明度较高故可操作性较强。

无论是限制性股票还是业绩股票，一般都在激励计划的授予或者解锁方面附带一定的业绩目标，再根据这些业绩目标的达成情况来决定被激励对象是否有权被授予或有权行权。

　　关于上市公司股权激励管理办法，可参考证监会发布的《上市公司股权激励管理办法》。

　　在国际上，股权激励计划是上市公司比较普遍的做法，股权激励计划可以把职业经理人、股东的长远利益与公司的长期发展结合在一起，可以在一定程度上防止经理人的短期经营行为，以及防范"内部人控制"等侵害股东利益的行为。现代企业理论和国外实践证明股权激励对于改善公司治理结构、降低运营成本、提升企业管理效率、增强公司凝聚力和市场竞争力能起到非常积极的作用。

　　股票期权属于非常专业的管理知识，企业股权激励方案涉及的内容非常多，主要包括股份分配、股份与资金来源、激励目的、激励模式、激励对象与考核，以及股份管理等，感兴趣的读者可以购买专业书籍学习。

第8章

集团薪酬管控——
选对模式很关键

导语

集团企业是现代企业集团化后的一种重要的组织形式，是企业发展裂变以及企业之间横向经济联合发展到一定阶段后的必然结果。

集团薪酬管控模式与集团人力资源管理模式相关，需要厘清集团统一管控模式、管理责权利以及集团企业内部之间关键利益分配等问题。

带着问题阅读：

- 集团薪酬主要有哪些管控模式？
- 集团薪酬模式如何有效做选择？
- 集团薪酬管理的权限如何划分？
- 子公司如何有效做好薪酬激励？

第1节 ┃ **集团薪酬主要管控模式**

集团企业薪酬管理即对集团总部和各分公司、子公司等成员企业的薪酬管理制度、薪酬水平及薪酬结构和薪酬福利形式的整体把控。建立合理的薪酬体系，可以激发集团员工的工作积极性和主人翁责任感，增强集团的整体战斗力和凝聚力。

薪酬作为集团人力资源管理控制的重要管控手段，管理的核心包括子公司的薪酬总额、子公司关键岗位薪酬待遇标准等。采用何种薪酬控制手段，与集团的发展阶段、所处的社会经济环境、企业采取的管理模式以及集团负责人的管理风格有关。

集团公司薪酬管控有三种典型模式。

1.高度集权模式

高度集权模式就是统一直接管控，也叫直管模式，这是一种集团内部高度集权的管控模式。由集团总部拟定统一的人力资源薪酬管理制度，并监督各成员企业实施，各成员企业对管理制度进行任何修改和微调都必须经过集团人力资源部批准。

整个集团各级企业的薪酬管理工作需要集团总部的统一组织协调，集团人力资源部拥有至高无上的管理权限。各成员企业人力资源部受集团总部人力资源部的严格约束，各成员企业只需严格执行集团人力资源管理制度即可。

高度集权模式的主要优点：

- 有效保证集团内部薪酬管理政策的完全贯彻执行；
- 保持集团内薪酬管理的高度一致性；

- 统一管控可提高人力资源管理的效率；

- 有利于集团内部薪酬体系的一致性。

高度集权模式的主要缺点：

- 集团总部主要管理任务重；

- 各成员企业主要管理灵活应变能力差；

- 各成员企业薪酬管理公平性不足。

2. 分权模式

这种模式下集团公司对子公司的薪酬进行总额控制，对子公司负责人明确集团薪酬管理制度，各子公司根据集团薪酬管理制度原则框架做完善，有一定的薪酬管理权。

分权模式的主要优点：

- 基于集团薪酬管理政策来执行；

- 保持集团内薪酬管理的相对统一性；

- 子公司具有一定的独立管理权；

- 可调动子公司人员的管理积极性。

分权模式的主要缺点：

- 子公司薪酬管理能力不可控；

- 集团需要对薪酬管理关键点进行把控；

- 部分薪酬管理权容易失控。

3. 独立自主模式

在这种模式下子公司向集团公司总部上缴利润，子公司独立进行薪酬管理，集团公司不做任何干预。

独立自主模式的主要优点：

- 激发子公司的管理积极性；
- 子公司具有一定的独立管理权。

独立自主模式的主要缺点：

- 对子公司的薪酬总量不可控；
- 对子公司的经营业绩不可控；
- 部分薪酬管理权容易失控；
- 各子公司之间缺乏协同性。

从集团企业的发展历程来看，集团企业在发达国家已经比较成熟和普遍，而我国集团企业形成时间短、发展还不成熟。关于集团企业人力资源管控模式的研究，国内外都进行了积极探讨，但目前理论界和实务界还没有形成完全一致的观点，对于管控模式的分类呈现出多样化的局面。因此，对集团企业的整体人力资源管控就显得非常重要。

对于高度集权或部分分权的薪酬模式，集团都需要有自己的薪酬管理制度，作为下属公司执行的参照。

实操范例　集团薪酬福利管理制度

1. 目的

为规范集团各子公司员工薪酬管理，通过规范的薪酬有效吸引和保留高素质人才，不断提升公司管理水平，不断提升薪酬激励有效性，特制定本项管理制度。

2.适用范围

本制度适用于与集团及其子公司签订劳动合同的试用期和正式员工。集团及其子公司（以下简称集团）享受其他待遇的员工以及签订劳动合同的其他人员可参照本制度执行。

3.管理原则

集团以"核心岗位对外具有竞争性、对内具有公平性、岗位之间待遇平衡"为原则，以员工能力、绩效和贡献为评价标准，以考核结果作为依据确定员工的薪酬待遇。

核心骨干员工每年都要做价值评估，确保待遇不低于竞争对手。

4.管理规定

（1）集团主要采用月薪制，结合绩效考核，实行下发薪式的薪酬支付方法。

（2）员工薪酬为税前薪酬，个人所得税由职工本人承担，并由公司代扣代缴。

（3）员工薪酬实行保密制度，严禁对外泄密，否则追责。

（4）每年根据年度考核结果统一调薪制度。

（5）员工对薪酬产生疑义时可以提出书面查询申请。

（6）因公司计算错误或业务过失造成职员薪酬超领时，员工应立即归还超出额，否则集团有权在下月发放薪酬时直接扣除该超出部分；因计算错误或业务过失造成员工薪酬不足时，公司应立即补足该不足部分或经职员同意，在下月发放薪酬时予以补发。

（7）……（根据实际补充）

5.薪酬结构

集团员工薪酬结构由薪酬和福利组成。

（1）薪酬部分

员工薪酬由基本工资、岗位工资和绩效工资、项目奖、年终奖等多层次薪酬结构组成。

其中基本工资和个人学历、岗位工资、岗位任职资格要求等挂钩，绩效工资和当月绩效考核结果挂钩。

除了基本工资和绩效工资外，公司还实行项目奖和年终奖等多层次薪酬方式激励员工。

- 项目奖：公司实行项目经理责任制，项目组成员享受项目奖的奖励，详见《项目考核奖励管理规定》；

- 年终奖：公司年终奖和公司年度效益、部门年度考核成绩挂钩。

（2）福利部分

集团主要包括法定福利（养老保险、工伤保险、失业保险、医疗保险、生育保险以及住房公积金）和公司特色福利两部分。

公司特色福利主要包括通信津贴、员工生日慰问、过节慰问、午餐补助、交通补助、商业保险、员工体检以及春游/秋游等。

关于上述福利统一标准规定如下：

- 通信津贴：公司高管每月1000元，中心经理每月600元，部门经理每月500元，销售人员每月400元，普通员工根据工作需要实行审批制，原则上每月不超过100元；

- 午餐补助：北京本地公司每日30元，北京外地公司每日25元；

- 商业保险和员工体检，每年由集团人力资源部确定；

- ……（其他项根据实际补充）

关于上述福利标准各子公司根据集团指导意见，结合本公司经营效益自行确定并报集团人力资源审批。

6.薪酬管理组织

（1）集团董事会薪酬委员会

主要职责是依据《董事会薪酬与考核委员会工作细则》：

- 对董事会聘任总经理、副总经理以及由董事会认定的其他高级管理人员进行考核；

- 研究和审查公司薪酬制度，并对执行情况进行监督；

- 负责拟定股权激励计划草案；

- 董事会授权的其他薪酬管理事宜。

（2）集团薪酬领导小组

由总经理、副总经理、财务总监、人力资源总监以及相关高管人员组成，主要管理职责如下：

- 负责审议并确定公司薪酬实施总体方案；

- 负责审议公司年度员工薪酬的统一调整方案；

- 负责审议并确定公司的各项福利政策。

（3）集团人力资源部

- 负责集团薪酬管理制度的建设和发布；

- 负责集团薪酬管理制度的宣贯和培训；

- 负责集团薪酬职级调整的统一管理；

- 负责集团福利管理。

（4）各公司财务管理部

- 负责员工薪酬的发放；

- 负责员工薪酬的核算分析。

7. 薪酬日常管理

（1）集团所有员工薪酬职级确定：要依据公司统一发布的《薪酬职级表》确定员工的薪酬职级；

（2）集团所有公司高管薪酬由董事会薪酬委员会确定；

（3）集团所有实习生日常补助标准参照《实习生管理规范》执行；

（4）集团所有公司顾问待遇按照顾问协议约定执行；

（5）集团所有公司招聘的劳务人员待遇按照协议执行；

（6）集团所有公司员工工资发放时间：人力资源部每月月底组织完成当月绩效考核，同时汇总考勤数据，财务部于次月 10 日之前发放工资，员工工资为税前工资，个人所得税在每月发放工资时由公司代扣代缴；

（7）集团所有公司按照统一的《考勤与休假管理制度》《劳动纪律管理制度》以及《劳动合同》，或者员工授权公司扣款等，由公司在工资中进行相应扣除；

（8）集团所有公司每年年初根据市场竞争情况、CPI等要素统一调整《薪酬职级表》，确保薪酬的相对竞争力和对员工的吸引力。

8.薪酬调整规定

集团所有下属公司的薪酬调整由以下几种途径实现。

（1）考核调整：薪酬调整严格按照《绩效考核管理制度》规定的考核成绩与调薪关联条件执行；

（2）定期普调：每年年初人力资源部会结合公司经营效益、年度考核结果分析报告等数据，向公司薪酬福利领导小组提交《薪酬调整总体方案建议》，经总经理审批后执行普调；

（3）临时调整：根据岗位异动、职务调整以及员工任职资格调整进行薪酬调整。

9.集团员工假期管理

集团按照《全国年节及纪念日放假办法》和《劳动法》中的有关规定为职员提供相关假期及带薪休假。

参见《集团考勤休假管理制度》的详细规定。

10.子公司高管激励

关于集团各子公司高管激励方式（如超额利润分享），由集团和各子公司负责人签订《年度经营责任协议》执行。

11.相关记录

● 《薪酬调整审批表》；

● 《薪酬调整通知书》。

12.制度生效

本项管理制度自20××年××月××日生效。

本项管理制度的最终解释权在集团人力资源部。

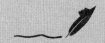

上述制度只提供了集团统一制度框架，具体内容请根据实际情况完善，不要机械照搬。

第2节 ┃ 集团薪酬管控模式选择

影响集团薪酬管控模式选择的关键点如下。

1. 人力资源管控模式

集团人力资源管控模式的实施要靠薪酬管控体系延伸和细化，因此不同的人力资源管控模式决定了薪酬管控体系的差异。

集团人力资源管控模式，是薪酬管控模式选择的依据。

2. 集团内部责权利

集团内部管理责权利分拆，本质涉及集团内部的利益分配格局，管理权限如何分配，管理如何防止失控，这些都是集团领导需要认真思考的问题。

薪酬涉及所有员工的切身利益，薪酬分配涉及利益分配，薪酬管理对于集团管理者而言是重中之重。

3. 集团的领导风格

集团的领导风格和管理模式有关，有的领导喜欢放权，坚持"疑人不用，用人不疑"，喜欢让下面的人放手去拼搏，有的领导性格多疑，下级做事总是不放心。所以，领导风格对于薪酬管控也是有很大影响的。

第3节 I 集团薪酬管理权限划分

集团采用何种模式的人力资源薪酬管控体系，决定了集团总部与各成员企业在薪酬体系设计过程中的职责分配，也直接影响了薪酬管控体系的权限划分。

表 8-1 集团薪酬管控体系权限划分表

管控子公司项目	高度集权模式		分权模式		独立自主模式	
	集团总部	子公司	集团总部	子公司	集团总部	子公司
薪酬预算	制定	执行	制定	执行	批准	建议
薪酬管理制度	制定	执行	批准	建议	备案	批准
年度薪酬调整方案	制定	执行	批准	建议	备案	批准
年度薪酬预算	制定	执行	批准	建议	备案	批准
每月薪酬报表	制定	执行	批准	建议	备案	批准
总监以上级别薪酬调整	制定	执行	批准	建议	备案	批准
总监以下级别薪酬调整	批准	建议	备案	批准	咨询	批准

第4节 ｜ **子公司如何做薪酬激励**

俗话说"火车跑得快全靠车头带"，作为集团如何对下属公司高管进行激励，这是集团管理者必须认真思考和做好的关键所在。

1.任期奖励

所谓的任期奖励就是对集团下属公司新聘用的总经理在一个约定任期里给予的奖励，任期内考核合格设置若干奖励鼓励连任。

集团设置任期奖励的目的是鼓励任期内连任，确保下属公司的经营连续稳定。

设计任期激励时要充分考虑好激励对象、激励目标和激励力度等关键问题。

- 激励对象：典型的激励对象是下属公司CEO，也有对下属公司管理层进行整体激励的方式，让下属公司管理层实现"一荣俱荣一损俱损"的效果；
- 激励目标：要设置好年度绩效指标或工作目标，明确评价标准；
- 激励力度：要让被激励者心动，奖金设置要让被激励者感到付出是值得的，奖金必须具有很大的诱惑力。

任期奖励制度能够将高管团队拧在一起，成为利益共同体，更有利于打造团队的狼性战斗力和凝聚力。

任期奖励通过集团和下属公司负责人签署《年度激励政策协议》等方式来实现。

2.超额利润分享

企业的利润长期以来被认为应该归股东所有，但是时至今日越来越多的企业家意识到要从另外一个视角来看待利润。

华为创始人任正非说："要管理好员工人力资本所得和货币资本所得的分配结构，货币资本所得保持合理收益即可，其他收益全部给人力资本所得。"这里所说的货币资本所得就是指股东分配的利润。

集团为下属公司设计超额利润分享激励机制，有以下几个关键点。

- 明确分配理念：企业超额利润分享必须要有明确的分配理念，确定好资本合理的分配比例后，剩余部分可以全部或大部分分配给员工，如果没有这样明确的分配理念，企业往往只拿出较少比例分配给管理层，这样的激励效果很小，甚至激励效果适得其反，会导致核心骨干离职；

- 确定激励范围：企业超额利润分享绝不要简单地搞成给高管或者中高管的激励，这种激励与利润分享的理念是不吻合的，企业超额利润是由人创造的，所以参与利润分享的员工比例要尽量大一些；

- 分配机制选择：企业在分享超额利润分配时可以采用类似年终奖金的方式在当年全部发放，为了留住核心骨干还可以采用次年分次发放的方式，当然还可以采用在未来1—3年分期发放的方式，主动离职员工的未发放部分不再发放，此外企业还可以不发给员工本人，而把这部分奖金作为企业年金委托给专业机构管理，为员工退休增加收入。

第9章

阿米巴与合伙制——
解放薪酬的枷锁

导语

互联网技术的迅猛发展带领人类走进了互联网＋时代，对传统产业产生了深远影响，颠覆了传统产业的经营模式、组织架构以及管理变革，引发了社会生产方式和生产关系广泛而深刻的变革。

在传统企业里，组织结构基本上是层级制的，市场信息的反馈从基层逐级自下而上汇报；企业决策成果是自上而下通过不同层级的单位逐步下达。互联网＋对传统企业的颠覆导致合伙制、阿米巴等各种新兴管理模式涌现，这是生产关系适应生产力的具体体现，这场变革是时代发展的潮流，势不可当。

在互联网时代下，网络信息技术的发展使信息获得和反馈瞬间到达，信息高度透明化、可视化，层级化的企业组织结构向扁平化转变是一种必然的发展趋势。

这些创新机制，表面上是企业经营管理机制的变革，本质上是企业薪酬利益规则的再次重构，势必影响薪酬分配管理机制。

带着问题阅读：

- 阿米巴经营对薪酬管理有何要求？
- 阿米巴机制下如何设计薪酬体系？
- 合伙制体系下如何做好薪酬管理？
- 合伙制体系下如何做好薪酬激励？

第1节 | 阿米巴经营新机制

阿米巴一词本身源于一种叫"变形虫"的单细胞生物，阿米巴经营理念是指组织就像阿米巴一样会随着外部环境的变化不断调整自己的形状，使自己和环境的匹配度达到最优。

阿米巴组织是指企业内部分成若干小的经营单元，每个单元独立核算、自负盈亏，由阿米巴巴长对经营结果负责，经营权下放给阿米巴。此外，阿米巴通过与市场直接联系的独立核算制进行运营，发现并培养具有经营意识的领导，让人人成为经营者，从而实现"全员参与"的经营理念。

阿米巴是随着企业市场环境的变化和企业经营逻辑的改变对企业组织的重新定义，因此阿米巴是一种企业经营模式。任何企业经营的最终目的都是"创造利润"，从而实现企业的社会价值，作为经营者为实现这一经营目的，就特别需要构建一套经营体系：能为每个员工赋能，让每个员工都清楚自己的贡献，积极为组织经营目标的实现而奋斗，对最终的经营结果即经营利润负责。阿米巴经营能帮助经营者做到这一点。

案例智库　日航重生的启示

稻盛和夫依靠阿米巴拯救日航，让日航起死回生，这在业界堪称经典。

被称为日本"经营之父"的稻盛和夫，在日本政府的再三恳请之下亲自出山，2010年2月1日正式出任申请破产重建的日本航空公司董事长。78岁的高龄老人，在短短3个月时间，就让日航在账面收支上实现了扭亏为盈，这是世界企业经营史上空前的奇迹。

然而大家比较关心的一点是，这个奇迹究竟是如何发生的？

为社会、为世人做贡献，这是人最为高贵的行为，这是稻盛和夫先生一辈子实践的人生观。在崇高的人生观信仰下，他究竟是如何经营企业的呢？

日航是日本的一家航空公司，成立于1951年，总部位于日本东京，是日本乃至亚洲规模最大的航空公司之一。由于自身经营的原因，加上航空煤油价格持续上涨和经济低迷等大环境的影响，日航经营遇到困难，从2006年起连续多年亏损，企业经营濒临倒闭。

2010年1月19日，日航向政府申请破产保护，希望通过重组实现"浴火重生"。截至申请破产时，日航和旗下公司负债总计超过250亿美元。

日航要谋求"重生"必须从衰落的根源上找到未来的改革道路，必须提高管理的能效。日航重组计划中的一些方案，其实都是权宜之计，日航的改革能否从根源上深化，这是其面对的生死考验。

稻盛和夫临危受命接手日航引起了全世界的关注，稻盛和夫作为"外行"，对航空业可以说一窍不通，他能让日航起死回生吗？

日航自称全球经济危机引发的客流锐减是祸水源头，野村证券分析师认为，日航经营不善有三大原因。

（1）劳动力成本高，经营效率低下

日航拥有5万名职员，劳动力成本是航空行业内最高的，其职员平均工资是其他普通企业同等学历同等年龄职员的两倍甚至还多，此外员工每年还要领取6个月工资额的奖金，各方面的福利标准也是其他公司无法相比的，这就造成企业薪酬福利成本居高不下。

（2）经营缺乏效益导向

日航一直以航空路线"大而全"自豪，在经营方面全量投入而忽略了取舍和优化，至倒闭前，日航有150余条国内航线，而搭乘率超过70%的航线却不足20条，很明显，日航没有独立核算的经营效益意识，始终维持着超高成本的航线运营。

日航拥有将近300架飞机，其中有些飞机如波音747等的燃油效率低，航线成本极高，此外日航飞机的机种众多，这就要求每个机种都要有不同的维护人员和驾驶员，这在无形中进一步增加了人工费和高昂的维护保养费用。

（3）管理官僚僵化

日航与竞争对手相比存在很多不足，日航的各种管理非常官僚和僵化，决策效率低下，市场敏感度低，员工层面人浮于事，很多职员已经习惯了"大锅饭"，做好做差收入都一样，缺乏竞争意识和客户意识。

日航的经营一步步走向破产的绝境，就在这样的重重压力下，稻盛和夫毅然选择了拯救日航。

稻盛和夫接手日航后发现：一是日航员工对企业濒临破产没有任何危机感；二是日航虽然改制为民营企业，但是经营干部不懂经营，经营者不能依据实际数据来做经营判断；三是管理责任不清，企业经营过程中重要的财务数据要折腾几个月才能计算出来，而且只有一些宏观的笼统数字，他们甚至连独立核算意识、盈亏意识都很缺乏，谁对哪个部门的损益该负什么责任都不明确，内部管理混乱。

稻盛和夫经过认真详细的调研，深入了解日航的现状和问题后，对日航的变革开出了以下几个最重要的良方。

（1）植入经营哲学——切实转变思想意识

稻盛和夫创办京瓷、KDDI并且把这两家企业带入世界500强，凭借的就是植入稻盛的"经营思想（经营哲学）"。

俗话说得好，"思想决定行动，态度影响高度"，"做事不积极，思想有问题"。人的行为来自思想，解决思想问题是解决一切问题的根源。稻盛和夫想要拯救日航，也要拿出"稻盛哲学"这一武器力争打好第一仗！

为了实现思想观念的统一，稻盛和夫开始给日航所有干部开会，他首先严厉批评长期的官僚习气形成的不负责任、相互扯皮的工作作风，在会议上特别强调"不换思想就换人"，这一招果然有效，经过连续几天的研讨会议，干部们有所触动，精英管理意识渐渐发生转变。

干部们的思想观念发生转变了，接下来就需要将经营哲学传递给日航的每个员工。

稻盛和夫每个月都会开一次经营管理大会，传授"敬天爱人"的经营哲学（敬天是做事的本质，爱人是做人的本质），引导员工热爱自己的工作和生活，发自内心为客户着想。

此外，稻盛和夫几乎场场亲自主讲干部学习会，介绍日航的经营哲学、经营原理及经营原则等内容。稻盛和夫对日航重建的努力被员工看在眼里，"人心都是肉长的"，稻盛和夫正在潜移默化地影响着员工的思想和行为。

稻盛和夫在日常讲课中强调"航空业的本质就是服务业"，所有员工的服务意识必须转变。从2010年7月开始，稻盛和夫就到各个机场巡回，与那里的员工直接对话，倾听他们的意见和对公司经营管理的建议，收集大量一手调研素材。

稻盛和夫在经营哲学中特别强调，日航的经营目的是"追求全体员工物质和精神两方面的幸福"，今后日航人要同舟共济，再也不能出现因经营危机而裁减员工的局面，日航必须成为全体员工共同追求幸福的场所。日航的振兴必须靠每位员工的努力，前提是日航必须赢得乘客的信任和喜爱。

稻盛和夫曾对机长和乘务长说，"乘务员是和乘客交流的第一线，是接待乘客的最前沿，你们对乘客必须抱有真诚的感恩之心，亲切的关怀之心，无微不至的服务之心，与公司的干部相比，你们一线的乘务员对待乘客的态度更为重要。让乘客感到日航真好，下一次乘机还要选择日航，这才是最重要的，而所有这些都是由你们第一线员工的服务态度决定的"。

稻盛和夫曾经像普通旅客一样乘坐日航的经济舱，不顾78岁高龄，到处奔波，苦口婆心说服基层员工。

受到稻盛和夫的鼓励和感召，员工们都在积极讨论，为了拯救日航，大家都该做些什么呢？经过讨论，大家一致认为可以从以下点滴之处入手。

做法1：我们的服务要感动客户。在日航宣布破产重建后，很多乘客仍然选乘日航，为了表达对客户的感激，乘务长致欢迎词时所有乘务员都站在前面鞠躬行礼。为了充实服务内容，乘务员提高送餐送水的效率，腾出时间与乘客交流，细心观察乘客的需求，随时提供热情而得体的服务，让客户感受到温暖和关爱。

做法2：提高"飞行的准点率"。许多航空公司以保证安全为借口，推迟起飞和降落时间是家常便饭，甚至觉得不需要向乘客做什么解释。日航把起飞前的各项准备工作做得又快又好，以分甚至秒作计算时间的单位。

做法3：提升服务水准和性价比。当日航全体员工都热爱日航、热爱乘客，愿意为日航的振兴、为更好服务于乘客尽心尽力献计献策时，日航不仅能起死回生，焕发新的生机，而且能成为全世界最优秀的航空公司之一。

稻盛和夫就任日航会长时说过这么一段话："实现新的计划关键就在于一心一意和不屈不挠，因此所有日航人必须聚精会神，抱着高尚的思想和强烈的愿望，坚忍不拔干到底。"稻盛和夫的这段话被做成标语牌挂在各个职场，同时也被公司报纸头版刊载。这段话原是"京瓷哲学"中的一条，现在在日航则更有它现实的针对性。为了执行日航的重建计划，不管外面的环境发生什么变化，都不能成为计划无法落实的借口，全体员工怀抱纯洁的动机和坚定的意志，众志成城，为实现目标而拼命努力。

俗话说"人心齐泰山移"。经过稻盛和夫的这些坚持和努力，日航的经营哲学从高层干部向中层管理者最终到员工慢慢渗透，并潜移默化为员工的具体行动，人心经营好了，就为日航的腾飞奠定了良好的管理根基。

（2）导入全新的阿米巴机制

稻盛和夫借鉴京瓷和KDDI的成功经营管理经验，决定将阿米巴分部门的核算经营体制引进日航激活每个小组织，让日航的各个部门成为一个个更精细的小集体，再对这些小集体进行独立核算管理。

众所周知，航空企业的收入来自各条航线乃至各个航班。通过阿米巴分部门核算，稻盛和夫将日航的每条航线划分成一个个独立的小集体（阿米巴），在每一个阿米巴经营责任人的带领下，实现"全员经营""人人都是经营者"的机制。

在分部门核算的管理会计系统中，各阿米巴负责人随时都能明白各条线路的盈亏状况。就是说，每条航线、每个航班的盈亏状况，第二天早晨起床后各阿米巴负责人就能收到第一手经营数据。

在这种机制下，小阿米巴的经营者，甚至阿米巴组织的每一个成员的经营意识逐渐增强。以经营负责人为中心，阿米巴全体人员一边分析数据，一边动脑筋想办法，大家集思广益，为提升各条线路的经济效益献计献策。

除了经营航线之外，在飞机维修和机场的各个部门，也尽可能把组织划分为一个个阿米巴小集体，实现费用实施的精细管理和管控，在如何提高收入、如何降低成本方面，全员投入经营管理。

从2011年4月起，阿米巴经营在日航全面推行。两年的时间，日航实现了从营业利润率–17%到17%的大逆转！

【后记】

很多人认为日航重生是一个奇迹，当我们重新梳理稻盛和夫对日航变革的总体思路时发现，其实稻盛和夫挽救日航只做了两件最重要的事。

（1）为日航植入经营哲学：使其完成意识形态的转变，日航哲学被定义为员工共有价值观的源泉；

（2）为日航导入阿米巴机制：部门独立核算制度彻底唤醒了一线员工的内在力量，唤醒他们的经营意识，人人成为经营者。

在日航实施变革的过程中，稻盛和夫成功的关键还在于他把握好了自上而下的顶层设计。

（1）自上而下：意识形态的转变是从高层到中层再到基层的传递，而不能靠员工自发；

（2）顶层设计是"意识+机制"的整体转变，而不是单独靠改革机制，这就是为何有的企业组织架构变了，但思想还停留在过去，导致企业无法变革成功。

日航变革的成功，是因为稻盛和夫确定了"从意识到行为去转变"的顶层设计，且是自上而下进行传导。一方面，日航先完成了经营哲学这种宏观的意识层面的转变，这也是最为艰难的关键一步，稻盛和夫花了大量的时间来完成这一任务。俗话说，"磨刀不误砍柴工"。经过"润物细无声"的思想洗礼，企业管理层的经营思想得到贯彻后，再去建立机制等后续部署就变得相对简单和可控了。

员工理解了企业变革的必要性，理解了变革是使企业和个人发展获得双赢的有效途径，意识形态转变了才会真诚地支持变革，才会上下一心。人心齐了，再去处理变革方方面面的细节工作，这是最为高效的变革设计。

另一方面，无论是转变意识还是导入机制，自上而下这个传导顺序都尤为重要。先去影响高层，高层发自内心认可，自然会向下传导到中层，继而传导到基层管理者，最终传导到每一位员工。如果高层都不去主导推动，变革工作将很难推进，即使推进，效率也很低，甚至最终走向失败。

唯有进行自上而下的顶层设计，企业变革才能成功。而这一顶层设计就是意识到行为的转变。

企业只要是能够独立核算的小团体，事实上都可以被划分为一个个小的阿米巴单元，每个阿米巴可自行制订各自的工作计划，并依靠全体成员的智慧和努力来完成目标，通过这种整体激励的方法，让第一线的员工都能成为小阿米巴的主角，主动参与经营，进而实现"全员经营"。

第2节 | 阿米巴与激励机制

在探讨激励机制之前，我们要先弄清一个核心问题：企业究竟由谁来创造利润？

一般来讲，企业生产部门是按照规定好的成本和经费来编制预算，以将实际生产成本控制在预算以内为目标。最终企业是否赚钱，要等到销售部门把产品卖给顾客，财务部把所有决算都做完后才能知道。而算出来的利润哪些是生产部门创造的，哪些是销售部门创造的，却无从知晓。而且，不到年底也很难知道是否会出现亏损，失去过程监控会导致经营不能及时调整对策。

阿米巴经营的核心价值可以用稻盛和夫的一句话来总结："如果员工不能像经营者一样去思考和参与公司的经营，企业经营必定是无法做好的。"因此，企业导入阿米巴的经营模式，是为了激活组织和个体全员参与经营，让员工像老板一样思考和行动，释放生产力，最终使企业保持持续营利性成长和持续创新的能力。

在这个全新的经营机制下，员工从"让我干"变成"我要干"，个人职业发展通道由个人能力表现来确定，靠业绩说话而不是靠复杂人际关系和领导的脸色说话。

阿米巴的经营业绩完全透明公开，在这个全新的管理机制下每个成员的业绩排序一目了然，自然会形成员工做事情的内在动力。

第3节 ｜ 合伙人制管理机制

在"大众创业、万众创新"的时代浪潮下，"合伙"和"合伙制"已成为一个社会热门话题，合伙企业在美国很多行业中被广泛采用，特别是合伙制企业较为集中在人力资本密集型行业，例如管理咨询、技术咨询、法律服务、会计师和税务服务等，我国的合伙制也有悠久的历史，例如大家最熟悉的会计师事务所和律师事务所多数都采用合伙制，在这些行业里人的知识和能力是企业最核心的资产。

在谈合伙制前首先我们要区分法律意义的合伙制和组织治理意义上的合伙制。法律意义上的合伙制是相对于公司制而言的一种企业组织形式，一般由《合伙企业法》等相关法律进行规范。而组织治理意义上的合伙制具体表现形式则要丰富得多，合伙制的本质是人力资本相对于物质资本的议价能力提升的必然结果。组织治理意义上的合伙制又分为股权型合伙人制、平台型合伙人制以及复合型合伙人制。以下我们会分别阐述。

1.法律意义上的合伙制

法律意义上的合伙企业是指自然人、法人以及其他组织按照《合伙企业法》的规定，在中国境内设立的普通合伙或有限合伙企业。

依据《合伙企业法》，在合伙企业中，普通合伙人是企业的管理者，要对合伙企业的债务承担无限连带责任，有限合伙人不参与企业经营，仅承担有限责任。如果企业财产不能清偿企业债务，普通合伙人需要以个人财产对自己名下以及其他普通合伙人名下的企业债务负责，有限合伙人仅需赔付其认缴的出资额即可。

相较于公司制企业，合伙企业在管理上的优势主要体现在代理成本低，合伙企业的日常经营者是合伙人，他们本身是企业的所有人并负有无限责任，比受雇用的职业经理人有更强的责任感；不足之处主要体现在合伙企业要求合伙人对企业债务承担无限责任，不利于企业融资，不利于企业把握风险高的商业机会等。

需要特别提示的一点是，组织治理意义上的合伙制，是对法律意义上的合伙制管理模式的借鉴，但并未改变公司的法律性质。组织治理意义上的合伙人制既吸取了合伙企业的组织优点，又规避了无限责任的很多风险，是公司和合伙企业相结合的产物。这也是把短期激励和企业中长期激励相结合，发挥核心人力资本价值以及人才积极性的一种管理模式。

合伙人这种商业模式是互联网时代一种新的商业运营模式，合伙人制天然与人力资本价值密切相关，合伙人制的主要特点是合伙人共享企业经营所得并对经营亏损共同承担无限责任；它可以由所有合伙人共同参与经营，也可以由部分合伙人经营，其他合伙人仅出资并自负盈亏，此外合伙人的组成规模可大可小。

2.股权型合伙人制

股权型合伙人制通过向核心人才分享股权实现长期激励。

股权型合伙人制的具体表现形式如下。

（1）项目跟投合伙人

案例智库　万科的事业合伙人制度

万科的事业合伙人制度强调员工的参与感和管理层对企业的控制权。其中一个措施即跟投机制，指公司核心团队跟投项目，员工出资比例控制在一定范围以内，不同级别员工有不同的投资限额。这种模式就是市面上典型的万科模式，分属临时投资型合伙，项目结束后合伙人团队解散。所以，这种模式容易造成员工的投机行为。

万科所有新项目所在一线公司的管理层和该项目管理人员必须跟随公司一起投资，此外万科还有第二个措施即股票机制，通过管理层控制的公司——深圳盈安财务顾问企业（以下简称"盈安合伙"）增持公司股份。所有事业合伙人都要签署《授权委托与承诺书》，将其在经济利润奖金集体奖金账户中的全部权益，委托给盈安合伙的一般合伙人进行投资管理。

过去万科是职业经理人制度，职业经理人为股东工作，但是新型的合伙人制度可能是一种更好的利益共享机制，对股东负责就是对自己负责，通过新型的合伙人机制将人才绑在公司发展的利益战车上，这无疑是万科事业合伙人制度的另一个核心价值。

（2）干股分红合伙人

指企业对高级人才奖励合伙人股份，包括各种核心骨干人才以及核心管理骨干人才等。

（3）小湿股合伙人

公司分配一定额度的分红权作为合伙人奖金池，让核心员工出资购买分红权，员工离开后合伙人股份自动失效。

3.平台型合伙人制

平台型合伙人制的主要特点是打破企业内部分工决策体系，由公司建立统一的支持平台，在平台上以合伙人牵头建立不同类型的业务团队，各业务团队作为独立的业务单位独立决策、自负盈亏，合伙人对各自项目有充分的决策权，充分享受项目带来的收益。公司的角色由领导者变成支持辅助者，通过构建统一的平台为他们提供各种支持，让人才以公司为平台内部创业。

实施此类合伙人制的代表企业主要有海尔集团、韩都衣舍以及和君咨询等。其中海尔集团和韩都衣舍的团队主要负责产品设计、市场销售等，其他职能基本由公司支持平台来完成，用内部市场的价格机制协调团队之间的合作。和君咨询作为咨询企业重点打造知识分享、品牌和财务管理等公共职能平台，团队负责产品研发、市场、项目实施以及对应的项目后续服务等。

4.复合型合伙人制

指股权型和平台型都有的混合模式，如会计师事务所和律师事务所等，采用局部股权型+整体平台型模式。

组织治理意义上的合伙人制的内涵远远超过法律意义上的合伙人制，企业在不同层次可能采用不同合伙模式或者不同模式的有机组合。下面我们再分享几个案例以飨读者。

案例智库 **永辉超市的多层次合伙人制度**

永辉超市的合伙人制度主要分为三个层面：一线员工、专业买手以及农户合作。

1.一线员工合伙人制

零售行业中很大的一个问题就是"招工难、用工难"，原因在于一线员工收入低、流动性大。所以，一线员工的工作积极性成为决定运营水平的关键。

为了激励一线员工，永辉超市在品类、柜台、部门达到基础设定的毛利额或利润额后，由企业和员工共同进行收益分成，具体分成比例因地制宜，实现了员工收入和企业收入的挂钩，这种合伙制对于一线员工来说实现了在收入方面的"开源"，在无形中对员工有很大的激励作用。

在合伙制下，永辉对于部门、柜台以及品类等的人员招聘、解雇都是由员工组的所有成员决定的，永辉将企业经营和一线员工的努力绑在了一起，形成一个利益共同体，极大地降低了企业管理成本，员工的流失率也有了显著降低。

2.专业买手的激励

对于永辉来说，和生鲜相关的这部分业务有重要意义，永辉通过合伙人制向买手们发放股权激励，借此将他们稳固在企业的周围，这也可以理解为一种"更高级的合伙制"。

3.农户合作协议"合伙人"

永辉超市为了稳定业务发展，和全国各地农户建立了一种类似"合伙人制度"的合作方式，和农户签署《合作人协议》保护农户的根本利益。经过多年合作，永辉得到了一大批忠实的合作伙伴，这也就成为永辉超市在果蔬方面的核心竞争力，也是永辉和农户间类似于"合伙人制"所带来的经营成本的优势。

案例智库　**阿里巴巴的"合伙人"制度**

阿里巴巴的合伙人制度，从严格意义上不属于合伙企业的合伙人制度，更像精神合伙人制度，于是有人称之为"合伙人制度"的合伙人。

2014年5月6日，阿里巴巴向纽交所递交招股说明书，其中对合伙人制度做出了详细的说明："阿里巴巴合伙人制度是在2010年正式确定。2010年7月，为了保持公司的这种合伙人精神，确保公司的使命、愿景和价值观的持续发展，阿里巴巴决定将这种合伙人协议正式确立下来，取名'湖畔合伙人'……合伙人资格认定……每年合伙人可以提名选举新合伙人候选人，新合伙人需要满足在阿里巴巴工作或关联公司工作五年以上；对公司发展有积极的贡献；高度认同公司文化，愿意为公司使命、愿景和价值观竭尽全力等条件……合伙人基本情况。共有28名成员，包括22名阿里巴巴集团的管理层和6名关联公司及分支机构的管理层。合伙人的权利与义务。权力包括董事提名权，奖金分配权……"

阿里合伙人制度与一般法律意义上的合伙制完全不同，也不等同于双重股权架构，阿里巴巴高层合伙人制度其实就是公司章程中设置的提名董事人选的特殊条款：阿里的合伙人制度的核心在于公司董事会的选任制度，即由被称作"合伙人"的人来提名董事会中的大多数董事人选，而不是按照持有股份比例分配董事提名权（这是合伙制的法律规定），合伙人可以提名董事会中的大多数董事并经股东会投票通过才获委任。但若所提名人选未能通过委任，合伙人则可再提名另外人选。也就是说，阿里的合伙人将控制公司大多数董事的选任。这与一般通行的董事会选任制度不同，即董事由股东大会选举产生。

此外还需要注意的是，阿里所称的"合伙人"权责是有限的，他们并不能直接任命董事，所提名的董事仍须经过股东会投票通过才获任命。

第4节 ┃ 合伙人如何做好激励

传统的律师事务所和会计师事务所以及咨询机构是合伙企业，这些企业的合伙人是法律意义上的合伙人，他们以成立合伙企业的方式，在法律框架的约束下，在多方协议的基础上，共同投资、共同经营、分享利润、共担风险，自然而然将大家的利益绑在一起，从而形成合伙人特有的激励模式。

在股权型合伙人制下，如麦肯锡、阿里巴巴以及万科等企业是向合伙人分享公司股权。例如，麦肯锡的高管成为合伙人的同时便持有相应股份，如果不再担任合伙人则必须将所持股份售还公司；阿里巴巴合伙人拥有比例非常少的股份，但通过制度设计让合伙人取得更大的管理权限，形成了合伙人会议和股东大会共治的局面。

平台型合伙人制则由公司建立统一的业务平台，在平台上以合伙人牵头建立不同类型的业务合伙人团队，各业务团队作为独立的业务单位独立决策、自负盈亏，收益自主分配。由此可见，平台上不同业务团队合作，也是形成合伙制特有的内在激励模式。

有的大型企业采用多层次的合伙制，合伙人是指带领团队承担任务定额的各级业务部门负责人，合伙人层级由企业经营目标和下级单元数目共同决定，每个层级都有对应的责权利分配，高级别的合伙人和普通合伙人承担的责任不同，利益分配不同，每个层级都要通过与市场直接联系的独立核算制进行运营，让全体员工参与经营管理，从而实现"全员参与"。阿米巴多层级合伙人制打造的组织，是形式上多层级、实际上扁平化的企业利益共同体。

此外，采用合伙制，合伙人可分享超额利润，这是公司激励合伙人的特殊手段。这种超额利润分享才是合伙人努力拼搏想要争取的最终成果。

第5节 | 当阿米巴遇见合伙人

作为企业管理者，采用"赛马不相马"的管理机制，为广大员工搭建一个发展平台，这是企业平稳发展的根基，而阿米巴和合伙人制的实施，特别是配套机制的落地，正是"赛马不相马"管理机制的顶层设计。

曾国藩在《冰鉴》一书中有言，世上怕的不是没有人才，而是用才的人不能正确使用人才。当今企业之间的竞争归根到底是人才的竞争，企业如何建立一套好的机制，通过赛马机制让优秀人才脱颖而出，这是企业管理者必须认真思考和对待的问题。

众所周知，绩效考核制度通常都是"事后诸葛亮"式的管理，这样的管理效率低下，绩效管理沟通滞后而且效果不佳，且导致管理成本高，甚至会产生"双刃剑"效应：让真正想做事的员工备受打击，混日子的员工反而如鱼得水，最终企业产生缺乏激情的同化效应。

基于阿米巴经营与合伙制的有效融合，在这种全新的经营模式下，合伙人和其团队均可享受自己的努力成果，合伙人做好做坏效果绝对不一样：每个合伙人的薪酬待遇不同，与自己的努力和业绩有关，赚的多则分的多，避免了企业内部薪酬攀比以及不公平的情绪。

以往公司每年年初给各部门布置年度任务的时候，公司老总们总要反复去找部门经理谈话，在任务分配时可谓软磨硬泡，希望部门主动加任务，而各个部门经理都非常不情愿，谁愿意主动加任务呢？谁愿意接受考核呢？部门主动加任务究竟给部门带来什么好处呢？一旦企业实行刚性考核，作为部门经理可就郁闷了……这些困惑相信大家都遇到过，都头疼过！

相反，在实施"合伙人制+阿米巴"的企业，每个合伙人的所在部门在年初都会制订自己的《年度任务计划》，对于任务量公司会设置一个最低标准，任务越多，挑战越大，享受的待遇就越高，公司经营管理变被动为主动。超额完成任务则所有合伙人和团队都可享受超额分红，在无形中大大激发团队的斗志！

阿米巴经营为公司划分出一个个小的团队，为企业培养"准合伙人"，同时界定了统一公平的经营水平的考核标准——单位时间效益/单位时间劳动生产率增长率，让优秀人才在经营水平得到充分肯定后进入合伙人体系，成为企业的合伙人。

企业有了有效的阿米巴经营，才有可能不断扩展合伙人，又因为合伙人制，才能真正解决迅速扩张的阿米巴成员的晋升问题。

合伙人制在经营人才、梯队培养方面绝对是高效的。

第10章

薪酬预算与分析——
巧妇难为无米之炊

导语

薪酬福利管理是人力资源管理六大模块之一。随着企业人力成本的不断上涨，薪酬逐步成为企业运营的主要成本，特别是高新技术产业，其人力成本更是企业的主要成本。

薪酬成本控制不仅决定企业利润甚至会决定企业生死，在预算基础上定期做好薪酬成本分析，这是企业人力资源管理者必备的一项管理技能。

带着问题阅读：

- 薪酬预算对企业有哪些影响？
- 薪酬预算要考虑哪些关键点？
- 如何编制企业《薪酬预算》？
- 如何撰写《薪酬分析报告》？

第1节 ｜ **薪酬预算编制**

薪酬预算是企业的管理者基于历史数据分析对企业未来一年内薪酬支出的预测，做好薪酬预算是薪酬管理的一个非常重要的环节，科学合理的预算可以增加薪酬支出的预测性，对企业经营业绩的科学预测非常重要。

薪酬预算编制的目标，就是基于历史数据分析，结合企业经营环境分析，在科学的人力资源规划基础上，对企业未来的人力薪酬支出做出预计。

薪酬预算编制能否做到科学合理，会对企业经营产生很大影响，作为薪酬管理者必须高度重视。关于薪酬预算对企业的影响主要表现在以下几个方面。

1.影响企业经营现金流

薪酬预算会直接影响企业未来将有多少支出投入在人工成本中，而这些人工成本多需要以现金流的方式进行支出而且是刚性的。

最近两年，有很多互联网企业由于现金流断掉导致破产，原因在于发不出员工工资会导致员工职业安全感下降，人心浮动。即使公司老板再会画饼，再会讲故事，只要发不出员工工资，企业距离破产也就不远了。

从这个意义上来讲，现金流的稳健对于企业经营安全非常重要。

2.影响企业经济效益

近年来，高人力成本导致部分中小企业经营非常困难，人力成本是很多企业的关键成本之一，薪酬预算会直接影响企业的经济效益，如果薪酬预算不准确（相对而言不是绝对的），企业经营业绩就有可能受到直接的影响。

3.影响员工心态

薪酬与员工利益息息相关，薪酬预算的多少直接决定员工薪酬和福利等方面的支出，还会影响员工未来的收益，所以，薪酬预算直接影响员工的工作努力程度以及他们日常的工作心态。

做好薪酬预算有以下几个关键点。

（1）预算编制科目

薪酬是总科目，但是为了工作的需要还可细化一下，如工资、五险一金、奖金、项目提成等。

（2）基于历史数据分析

企业历年经营的薪酬数据，凡是和人力成本相关的，都要认真做分析。

（3）预测

历史数据是过去的数据，这些数据是分析的基础，基于这些数据做薪酬预测，必须考虑以下关键要素。

- 企业外部因素：包括国家/地区相关政策、劳动力整体市场供需情况、整体市场薪酬水平、行业竞争对手薪酬水平、薪酬变化趋势等方面；
- 政策变化预测：如五险一金政策变化对企业薪酬刚性支出具有很大的影响，看似几个点的调整，但是对于一个几百人的企业，每年对薪酬的影响将达到百万元；
- 竞争对手：要分析行业市场薪酬水平和行业竞争对手薪酬水平，包括企业所处市场或行业主要职位的市场薪酬水平情况（主要是25分位、50分位、75分位、90分位等关键数据）及核心岗位外部平均水平、最高水平和最低水平等；

- 人力资源规划：人数增减和人力成本息息相关，必须做出相对准确的预测，并且按照人员类型做分类，如研发人员平均薪酬是职能管理人员的好几倍，这种情况下要对人员进行分类预算，此外地区劳动力供求关系也会对人力成本预测产生很大的影响；

- 调薪影响：在企业经营过程中，对于一些核心骨干要有年度调薪安排，薪酬调整上调范围和幅度大小，直接影响人力成本；

- 经营变化：如企业从一线城市转移到二线/三线城市，对企业人力成本会造成很大的影响；

- 人员优化调整：如部分业务裁撤导致裁员，涉及经济补偿金的支付问题，这也是企业人力成本的一部分；

- 企业支付能力：企业做薪酬预算需要考虑企业经营情况以及支付能力，在企业经营过程中，究竟需要何种人才，对哪些人才支付靠谱的薪酬待遇，都要充分考虑好；

- 薪酬相关要素：包括企业的薪酬策略（如领先型、跟随型、滞后型等），薪酬水平，薪酬结构（基本工资、岗位工资、绩效工资），薪酬成本分布（如各部门薪酬总额、各区域薪酬总额、人均薪酬等）。

表 10-1　20×× 年度薪酬预算表

年度编制说明	本年度人力薪酬预算基于以下前提/假设： （1） （2） （3）			
科目名称	**科目说明**	**预算金额**	**预算类型**	**预算详细说明**
薪酬	员工工资			
	加薪			
	降薪			
	……			

五险一金	社保、公积金			
员工福利费用	员工生日慰问			
	过节慰问			
	午餐补助			
	交通补助			
	商业保险			
	体检			
	春游			
	年会抽奖			
	……			
项目奖金	项目奖			
销售提成	销售提成奖励			
经济补偿金				
年终奖				
……				
不可预测成本	政策变化等			
	审核人：		审批人：	

对于表 10-1 中的"预算类型"说明如下：

- A 类——刚性支出（如薪酬、社保等支出是刚性的，不花绝对不行）；
- B 类——有条件支出（在一定条件下肯定要花并且有一定弹性）；
- C 类——可花可不花（如有些福利……）；
- D 类——根据公司效益配套的福利支出。

上述预算类型是后续薪酬预算控制的基础，没有控制就会失控。

第2节 Ⅰ 薪酬分析报告

1.薪酬数据收集

薪酬数据的统计汇总是薪酬分析的基础，主要汇总数据包括以下几类。

- 薪酬支出数据：如员工基本工资、岗位工资、绩效工资、奖金、补贴、劳务费等，按照支出的时间、类别、部门、岗位、人员等进行多维度统计；
- 定期、不定期收集竞争对手外部薪酬调研数据，以及相关行业人才供求数据。

2.薪酬分析层次

薪酬数据分析的关键要点包括但不限于以下3个层面。

（1）薪酬支付总额分析

从这个层面分析薪酬就是要告诉公司管理层薪酬福利支出总共花了多少钱，并且所花掉的这些薪酬是怎么构成的，和上期分析对比是花多了还是节约了，实际支出与预算有多大差异，存在差异的原因是什么……

（2）薪酬支付结构分析

这个层面要向公司管理层回答钱都花到哪里了，包括业务部门/职能部门等员工薪酬支出的分布结构。

（3）薪酬支付效益分析

这个层面上要回答的问题是薪酬支付与企业效益的关系，人均产值是上升还是下降等，给公司一个经济效益层面的分析。例如，人均薪酬收入产出比、人均薪酬利润产出比、部门人均薪酬收入产出比等。再如，分析公司各部门的绩效工资、奖金与部门核心骨干离职率的关联，通过离职访谈记录数据可以分析出公司对核心骨干的激励是否有力度和效果。

3. 如何编写《薪酬分析报告》？

基于薪酬数据统计分析，最终要形成企业定期《薪酬分析报告》，报告的关键要点如下。

（1）薪酬支出与预算对比分析

即薪酬成本支出的总金额与预算对比分析，主要包括月度/季度/年度薪酬当期总额与上一期总额的增/减比率、实际支出总额与预算的比率等。

（2）各月度薪酬支付趋势分析

每个月的人员数量/薪酬总额，画出趋势线并做分析。

（3）业务部门薪酬支付分析

针对利润创造部门即业务部门的薪酬结构和薪酬成本进行分析：

- 薪酬结构与同区域、同行业其他企业的差异。
- 基本工资、平均工资等在同区域、同行业所处的水平。
- 不同岗位、不同绩效表现的员工薪酬成本对比。
- 此类员工薪酬成本与企业总薪酬成本、总成本、总利润等的占比。

- 绩效工资对员工的激励作用（绩效工资比例过高造成的基本工资低，不利于人员招聘工作；绩效工资比例过低，不利于激发员工向高任务、高薪酬挑战的能动性）。

（4）职能部门薪酬支付分析

职能部门成员是企业支撑部门，和直接创造业务利润的业务部门要分开分析：

- 统计分析企业内职能类人员薪酬情况，包含管理人员、人力行政以及财务等职能管理人员等数据；
- 职能部门薪酬调整幅度分析；
- 职能部门人员工作量分析及压缩编制可能性分析。

（5）薪酬支付激励效果分析

公司核心骨干奖励/激励与离职率的数据对比分析，可以按月做趋势图以分析薪酬激励效果是否持续有效。

（6）薪酬结构分析

薪酬结构即薪酬支出方向的分析，可根据企业实际情况从不同维度进行综合性分析。

- "结构"维度：基本工资、岗位工资、绩效工资所占比例，各种奖金所占比例，补贴所占比例，当期与上一期的变化，实际支出与预算的差异等；
- "部门"维度：各部门薪酬总额、各部门人员数量占比、各部门薪酬支出占比、各部门人均薪酬总额、当期与上一期的变化、实际支出与预算的差异等；
- "人员"维度：人均月度/季度/年度薪酬总额、当期与上一期的变化、实际支出与预算的差异等。

（7）外部竞争对手岗位薪酬动态

针对外部竞争对手做薪酬调查数据，针对核心岗位、普通岗位薪酬趋势做分析。

（8）人均产值趋势分析

- 企业效益维度：薪酬总额与收入额比率、薪酬总额与成本总额比率、薪酬总额与利润产出比率等；
- 人均产值分析：人均销售总额、人均毛利以及人均纯利分析。

（9）薪酬制度存在的突出问题

企业应当建立完善的薪酬管理制度，同级别、同岗位员工不要出现过大的薪酬差异，若在数据分析时发现此类情况，务必探究原因，建立规范的薪酬确定程序和标准。本部分重点要针对薪酬分析周期内遇到的问题进行提炼总结。

关于《薪酬分析报告》参考格式如下。

表 10-2　20××年第 × 季度薪酬分析报告

编制人员		所在部门	
分析周期		编制日期	
报告目的			
数据来源			
数据分析关键要点	（1）薪酬支出与预算对比分析		
	（2）各月度薪酬支付趋势分析		
	（3）业务部门薪酬支付分析		
	（4）职能部门薪酬支付分析		
	（5）薪酬支付激励效果分析		
	（6）薪酬结构分析		
	（7）外部竞争对手岗位薪酬动态		

续表

	（8）人均产值趋势分析
	（9）薪酬管理制度存在的突出问题
	（10）……
分析结论	（1） （2） （3）
管理建议	（1）薪酬调整建议 （2）人员优化建议 （3）……（请补充）
人力总监 审核意见	人力资源总监（签字／日期）：
总经理 审批意见	总经理（签字／日期）：

第11章

提升人均效益——
薪酬管理的终极使命

导语

　　很多企业在薪酬管理上抓不到重点，做薪酬调整时该加薪的不加薪，导致核心骨干流失，该降薪的缺乏管理手段，导致拿高薪的员工绩效低。如何围绕提升人均能效做文章，让高能效团队和员工提高待遇，这是薪酬管理的使命。

带着问题阅读：

- 人均效益究竟有何含义？
- 人均效益都有哪些指标？
- 人均效益管理有何思路？
- 人力成本优化有何方法？

第1节 ｜ 人均效益的核心内涵

人均效益本质上是整个企业的人均收入、毛利或净利润，这项指标代表的是企业整体的经营能力和盈利能力。

业界在人均效益方面做得好的企业是华为。2001 年，任正非发表了《华为的冬天》一文，指出："我们这三年来的管理要点讲的都是人均效益问题。不抓人均效益增长，管理就不会进步。因此一个企业最重要、最核心的就是追求长远地、持续地实现人均效益增长。"

很多人把华为快速发展的成绩归于员工激励，尤其是员工股权激励，实际上华为长期关注人效提升管理，人效提升管理帮助华为健康发展。

华为是一个持续关注人效提升管理的企业，反过来看，关注人效提升管理也是华为良好发展的重要原因。

人均效益还有更加精细化的操作模式，其中阿米巴经营是稻盛和夫独创的经营管理手段，业界中一些实施阿米巴的企业采用"单位时间附加值"的精确核算方式，这些企业采用的阿米巴会计核算叫"单位时间核算制"。

无论是宏观模式还是精细化模式，人均效益提升的过程，本质上就是企业苦练内功、持续提升经济效益的过程，更是企业管理水平持续提升的过程。

第2节 | 人均效益的关键指标

人均效益在企业管理实践中一般表现为以下几个指标。

1.人均营业收入=营业收入/企业年度平均职工人数

指标含义：代表企业持续创收的能力。

适用范围：同行间进行简单比较，看哪家企业创收能力强。

2.人均毛利=毛利/企业平均职工人数

指标含义：代表企业创造毛利润的能力。

适用范围：比较产品附加价值。

3.人均净利=净利润/企业平均职工人数

指标含义：代表企业创造纯利润的能力。

适用范围：比较企业盈利能力。

追求人均效益提升时一个最朴实的想法是企业必须做好"开源节流"，所谓"开源"就是企业想方设法增加收入，提升企业产品毛利率；"节流"的关键在人数控制，特别是要分析那些高人力成本的员工，如何提升这些员工的工作效率，挖掘他们的潜能。当然很多企业规模增加，盈利能力随之持续提升，这是企业健康发展的标志。

需要说明的一点是，企业营业收入来自企业不同部门的不同产品线，所以从经营分析的角度来讲，除了宏观分析外，还要细化内部不同部门、不同产品的人均效益分析和对比。

人均效益提升来自企业不同产品销售增长率和市场占有率的提升，通过更加细致的数据分析如销售增长率和市场占有率分析，还可区分出公司不同产品的经济效益所处位置。

- 明星类产品：销售增长率和市场占有率"双高"的产品群；
- 瘦狗类产品：销售增长率和市场占有率"双低"的产品群；
- 问题类产品：销售增长率高、市场占有率低的产品群；
- 金牛类产品：销售增长率低、市场占有率高的产品群。

只有通过系统分析，在企业经营战略高度上加以重视，才能持续提升企业的经营能力。

除了正向的人均营业收入、人均毛利和人均净利润指标以外，企业还要多维度做好配套数据分析，如不同部门的人均人力成本数据，只有成本和收入配套分析，才能更有针对性地提炼出经营管理问题。

通过对这些人均指标做趋势对比分析，我们就能发现问题，同时有效分析问题的症结，找到持续提升人均效益的有效解决方案。

第3节 | 人均效益的管理思路

如何提高人均效益，作为企业管理者需要从多方面入手。

1.管理机制改革

企业管理机制改革是解决人均能效的顶层设计，无论是合伙制还是阿米巴等创新机制，本质上就是将企业经营和每个员工的利益挂钩。

很多企业引入阿米巴新机制，阿米巴经营落地的核心工具就是"单位时间核算表"，这种核算的精度远远高于人均毛利 / 人均纯利润，重要的是单位时间核算表实行日报制，并且在不同业务部门之间排序，让公司经营业绩能够动态展示，随时得到有效监控。

企业当月单位时间核算表的设计方式是：横向往往有3个模块，包括目标产值、实际业绩以及目标达成率，企业月初开经营分析会时就要根据上月目标达成率来寻找原因并制定改善措施；在纵向上主要有5个指标，包括销售额、费用、附加值、工作时间以及单位时间附加值。

阿米巴单位时间核算表是公司内部各业务模块的价值晴雨表 / 温度计，从目标计划设定到实施过程监控，一直到最终的绩效管理。

实施阿米巴经营机制的企业追求销售最大化和费用最小化。阿米巴核算追求的是经济效益和效率双提高，这就是单位时间附加值的真正意义，也是单位时间核算制的核心价值。

2.减员、增效和加薪

这种思维方式适合发展稳健的业务，适用于事业部以及独立核算的业务部门。

减员增效必须和加薪关联起来，减员不是目的，而是为了提升人均效益，减员后折算出的一部分成本，设置成奖金或给核心骨干加薪，激励减员增效的部门。减员、增效、加薪的最终目标是实现"一个人拿两个人的工资，干三个人的活，创造四个人的价值"的效果。

华为创始人任正非说过："永远要合理地减少非生产性人员，增加专业与业务人员，才有可能提高人均效益。各级干部一定要把自己部门内部效率低、不出贡献的人淘汰出去。"

减员增效的前提是做好人均效益分析，事业部门究竟是否有挖潜空间？人均任务是否饱和？如果没有挖潜空间，减员就不会有效果。

企业管理者一定要把公司的组织绩效和部门的费用直至员工的收入关联起来，从价值分析入手，由工资倒推任务，做好数据分析，在减员增效上做到有理有据。

华为有个强制规定就是必须给核心骨干员工加工资，从而倒推他要完成多少收入。每年完成任务，给前20名的员工加20%的工资，中间20%的员工加10%的工资。每超额完成10%，再增加10%的员工。此外，即使部门做得再差，也要涨工资，不过部门可以减人。

加薪必须和减员增效关联起来，单纯减员或者单纯加薪都不是最好的手段，很多企业都有一个问题，就是绩效差的部门更不舍得给核心骨干加薪，宁可大家吃大锅饭，造成的结果就是"干好干坏一个样"，最终造成核心骨干流失，留下的都是虾兵蟹将，绩效越差的部门越做越差，形成恶性循环。

只要企业做好人均效益分析，就能分析出哪些员工是企业的优质资产，哪些员工是企业的负债，企业要留住核心骨干员工必须给其涨工资，再倒推任务让核心骨干的收入和贡献相匹配，这就是增量绩效管理。

3.项目承包制

企业有些项目或研发业务可做好内部承包制，通过企业内部业务部门竞标的方式使得企业产品经济效益最大化。

我们都知道研发人员是最难考核的，绩效是一把"双刃剑"，研发人员受到不公平考核就会消极怠工。例如，对 IT 行业的研发人员采用代码行数考核公平吗？研发高手用若干行代码就能实现功能，而研发新人可能要几千行代码才能实现产品功能，况且代码行数越多则产品运行执行效率越低。有的员工做研发时"身在曹营心在汉"，工作效率极低。项目承包制就是一种比较好的提升人均效益的做法。

这里说的"内部承包"可以采用虚拟承包方式，如签署《目标任务书》，把员工早点完成任务和各种奖励挂钩（如可以放假休息、可以拿若干奖金等）。

4.做好团队员工激励

激励的核心是激发员工潜能，鼓励多劳多得，如果企业在激励员工方面缺乏有效手段，就会造成员工"干好干坏一个样"。

激励员工的模式是多样的，其中薪酬激励就是要让员工的收入和绩效挂钩，做得一般、做得好的乃至业绩做得特别突出的，收入会有明显区别。

5.打造高绩效文化

俗话说"工作不积极，思想有问题"，如何打造高绩效文化，在企业内部建立良好的绩效氛围，是解决员工"心病"的关键。

在绩效管理实施上很多企业还存在很多问题，高质量的绩效管理方案运行之后却无法得到高价值回报的"无力感"时常困扰着企业老板和人力资源部。他们经常困惑一件事情："为什么前期工作做得那么充分，花了那么多的时间探讨战略目标、探讨目标分解、探讨行动计划，每个人的考核指标都定得很清晰了，也都讨论了很多轮，最终考核结果仍然不能如实反映在企业的经营结果上。"

实施绩效管理本质上是要将企业的价值观和经营理念以更具体、更直观、更容易为本企业员工理解和接纳的形式在企业运作中体现出来，并通过绩效计划、绩效实施与管理、绩效评估、绩效反馈等诸多环节予以强化。企业文化核心部分的价值观会对包括绩效管理在内的全部管理体系的实施、运行产生一种无形的影响。

绩效考核的最终目的并不是单纯地进行利益分配，而是促进企业与员工的共同成长。通过考核发现问题、改进问题，找到差距进行提升，最后达到双赢。

因此，企业内部通过树标杆、抓典型，营造一种"人人争先，唯恐落后"的局面，这是打造高绩效的关键，也是提升人均效益的重要举措。

第4节 | 人力成本控制及优化

薪酬成本控制宏观上的核心思想是薪酬预算、薪酬成本核算以及对应的激励管理，只要抓住这三个关键的环节就能对薪酬成本做好控制。

企业年初要做好人员规划和人力成本预算，做好总额的规划，财务部要根据人力薪酬成本预算做好年度业绩预期，通过成本倒推机制，测算人力成本控制区间，从预算的高度对人力成本做好预期。

表11-1 年度人力成本预算表

部门名称	年度需求岗位	需求人数	平均薪酬	薪酬成本	紧急程度	招聘时机	薪酬总成本
A 部门							
B 部门							
C 部门							
……							
评审结果							
总经理审批							

【备注】1. 招聘时机重点描述计划招聘所属季度，作为季度预算分解的依据；2. 薪酬总成本包括工资和五险一金；3. 本表需要经公司集体评审后确认。

财务部要定期（建议每季度）做好人力成本的核算，及时发给用人部门，对于成本超支的情况，人力资源部在进行数据分析后要做好配套管控：

- 对于确实需要增加人力成本投入的，经公司集体评审认可后可以增加预算编制；
- 集体评审认为用人部门人力成本超支没有合理理由，人力资源部可以暂停招聘；
- 落实人力成本控制对应绩效。

表 11-2　季度人力成本核算表

所属季度	第（　　）季度				
部门名称	岗位	岗位总成本预算	实际支出	预算超支（节约）	部门总成本（节约）汇总
A 部门					
B 部门					
C 部门					
……					
成本核算意见					
总经理审批					

上述核算数据由财务部提供给人力资源部，由人力资源部分析后提交给公司领导审批。

对于超过薪酬预算的，企业要详细规定具体奖惩措施，如超过预算必须暂停招聘或上调年度考核指标（如销售额或者项目回款额等），这些关键控制措施要纳入企业日常管理。

人力成本控制必须和各部门年度考核、奖惩挂钩，这是一条管理的铁律，没有利益挂钩的管理会导致用人部门在人力成本上的失控。

如何鼓励用人部门尽可能节约薪酬成本呢？从人力资源绩效考核角度，可以设置"人力成本节约奖"，这项奖项可以纳入各部门的 KPI 指标，参考范例如下。

表 11-3 "人力成本节约奖"设置

指标	指标计算	对应奖惩
……	……	……
薪酬成本控制	人力薪酬成本节约奖励＝预算－季度实际成本	预算超支团队没有季度奖金； 人力成本节约奖＝人力薪酬成本节约金额 ×30%
……	……	……

将上述 KPI 考核指标纳入各部门季度考核中，可以单独激励，也可以作为年度（季度）考核指标的一部分（设置权重）。

第12章

薪酬管理技巧——
老HRD不愿透漏的秘笈

导语

有关薪酬管理的技巧，事实上本书各个章节都有相关内容的介绍，如年终奖发放技巧、薪酬调整技巧等。本章将针对读者更期待看到的热点和难点话题做出阐述，希望对大家有所帮助。

带着问题阅读：

- 社保审计如何精心有效应对？
- 五险一金如何高效日常解答？
- 离职补偿协议管理如何有效？
- 项目奖金设计都有哪些技巧？
- 专项奖金设计都有哪些技巧？
- 年终奖的设计都有哪些技巧？
- 员工加薪都有哪些管理技巧？
- 员工降薪都有哪些管理技巧？
- 面试薪酬谈判都有哪些技巧？

第1节 ┃ 社保审计应对技巧

社保审计，全称是"社会保障基金审计"（以下简称"社保审计"），是指审计机关对政府部门管理的和社会团体受政府部门委托管理的社会保障基金财务收支的真实、合法、效益进行的审计监督。

从严格意义上讲，企业为员工足额缴纳五险一金是法定义务，但是全国不同地区的社保政策不同，缴费基数和比例不同，企业对社保政策理解不同，因此国家各省/市人力资源和社会保障局经常会委托专业的第三方会计师事务所进行专项审计。

1.社保审计的法律依据

很多公司对社保政策不了解，当收到社保专项审计检查时有点蒙，甚至不清楚国家对此项检查的有关法律依据，为此笔者对国家相关法律依据条款做了归纳。

（1）《社会保险法》

* 第八十条第二款规定："社会保险经办机构应当定期向社会保险监督委员会汇报社会保险基金的收支、管理和投资运营情况。社会保险监督委员会可以聘请会计师事务所对社会保险基金的收支、管理和投资运营情况进行年度审计和专项审计。审计结果应当向社会公开。"

（2）《社会保险费征缴暂行条例》

* 第五条规定："国务院劳动保障行政部门负责全国的社会保险费征缴管理

和监督检查工作。县级以上地方各级人民政府劳动保障行政部门负责本行政区域内的社会保险费征缴管理和监督检查工作。"

- 第十三条规定："缴费单位未按规定缴纳和代扣代缴社会保险费的，由劳动保障行政部门或者税务机关责令限期缴纳；逾期仍不缴纳的，除补缴欠缴数额外，从欠缴之日起，按日加收2‰的滞纳金。滞纳金并入社会保险基金。"

（3）《劳动保障监察条例》

- 第十一条规定："劳动保障行政部门对下列事项实施劳动保障监察……（七）用人单位参加各项社会保险和缴纳社会保险费的情况……"
- 第十五条规定："劳动保障行政部门实施劳动保障监察，有权采取下列调查、检查措施……（五）委托会计师事务所对用人单位工资支付、缴纳社会保险费的情况进行审计……"

（4）各地区相关法规

- 全国各地针对社保审计都会出台相应的实施细则及规定，不同地区的相关规则不同，可在各地人力资源和社会保障局网站查询和学习。

社保审计有利于保证社会保障基金的安全与完整，促进国家保障体系的建立与完善，充分发挥社会保障基金使用的经济效益与社会效益，保障人民群众基本生活的权益，维护社会的稳定。

2. 社保审计范围

对缴费单位社会保险费情况的专项审计检查，简称"专项审计"，是劳动保障部门社会保险基金行政监督机构，在基金征缴环节对参加社会保险统筹并缴纳社会保险费的用人单位的缴费情况，委托专业中介机构（通常为会计师事务所）实施审计检查，并对经审计确认的漏逃社会保险费予以追缴的监管过程。专项审计是由市政府拨出专门的资金对企业进行检查，因此企业不必担心审计会向企业收费的问题。

针对企业的社保审计，审计的主要目标是检查辖区内单位的法定社会保险是否依法缴费，人力资源和社会保障局将根据会计师事务所的专项审计结果要求单位对欠缴的法定社会保险费进行补缴，并根据国家或地区社会保障法律法规执行相应的处罚。

- 以北京为例：每年，北京市人力资源和社会保障局都会委托第三方会计师事务所对北京市缴费单位进行社会保险专项审计。审计的内容主要是该单位上一年度社会保险的缴费情况，一般以社会保险基数核定的周期为准，即上一年度（一般为上一年 4 月至本年 3 月）的社会保险缴费情况。审计对象由北京市人力资源和社会保障局按照辖区内单位的一定比例抽取，每年抽取的总数量不固定，原则上采取隔年抽取模式，即当年进行过社会保险专项审计的单位原则上次年不再抽取，但隔年仍可能被抽到。被抽到的单位在社会保险专项审计前 10—15 天，会接收到会计师事务所的专项审计通知。社会保险专项审计会根据被审计单位的规模及资料的准备情况来确定时间，一般由会计师事务所的专业人员到单位进行 1—3 天的现场审计工作。一般而言，经常受到员工投诉并且曾有不守法行为的企业被抽中的概率比较大，所以作为企业要严格执行《社会保险法》，维护员工的利益就是维护企业的根本利益。

3. 社会保险审计内容

社会保险专项审计主要检查单位在缴纳年度内是否按照法律法规的规定核定基数、是否按照法定基数足额缴纳各项社会保险、是否有基数差额造成的社会保险差额、是否有人员漏缴问题等。

社会保险专项审计一般审查的资料主要包括人力资源管理中的工资资料、劳动关系资料、社会保险缴费资料，财务管理中的相关付款凭证、托收凭证，以及单位的相关资料三部分。

4.社会保险审计报告

在社会保险专项审计中，会计师事务所专业人员到场后会要求企业相关负责人员提供资料，社保审计时是封闭的，审计人员会在审核资料时提出相关疑问，并要求企业相关负责人员进行解释或提供补充资料。

审计人员最终会根据所有资料进行审核，并出具审计报告，直接报给委托部门，即人力资源和社会保障局。如果企业社保缴费存在不足额或者漏缴等情况，人力资源和社会保险局一般会要求企业限期补缴。

5.社会保险审计应对技巧

社会保险专项审计是企业薪酬专员必须学习准备和应对的一项工作，为了顺利应对社保审计，应注意以下几点。

（1）思想上要高度重视

人力资源部在接到社保审计的正式书面通知后，要召集财务部、行政部（企业管理部）等所有相关部门，特别是要召集企业主要负责领导，做好社保审计的分工安排，认真接待审计人员。

（2）精心准备审计材料

社保审计过程中企业通常需要准备的资料文件见表12-1。

表 12-1　社保审计内容清单

内容分类	需要准备的文件资料	责任部门
缴费基数审核	公司上两个年度的劳动情况表	人力资源部
	上一年度的基数核定表	人力资源部
	上上年度（1—12 月）的工资明细（即上一年度基数核定依据）	人力资源部
	上一年度 4 月至本年度 3 月期间每月的工资明细表	人力资源部
每月社保缴费审核	上一年度 4 月至本年度 3 月期间每月的社会保险月报	人力资源部
员工审核	最新《在岗人员花名册》	人力资源部
	特殊基数人员清单（包括超上限人员和最低基数人员）	人力资源部
	补充证明（离退休人员、外籍人员、港澳台地区人员、实习人员、外包人员等）	人力资源部
	如有委托缴费情况的，需要提供委托协议或相关证明	人力资源部
	员工劳动合同、身份证明	人力资源部
	补充说明（如补缴情况、企业的特殊情况等）	人力资源部
财务账目	上两个年度的现金、银行存款日记账	财务部
	上两个年度的总账、明细账	财务部
财务凭证	上年度 4 月到本年 3 月的社会保险托收凭证	财务部
	补缴社保专用收据（可选）	财务部
	社保缴费相关会计凭证	财务部
企业资料	营业执照副本	行政部（企业管理部）
	组织机构代码证	行政部（企业管理部）
	社会保险登记证	人力资源部
	社保开户证明	人力资源部
	单位组织结构图及人员分布情况	人力资源部
其他	全国各地区社保管理特色内容	人力资源部
	……	……

（3）做好自查自检

按照表12-1的内容，人力资源部在审计组入驻企业之前要认真做好自检工作。根据社会保险专项审计的思路进行自查自检，主要包括基数核定的准确性，是否有基数差，企业是否逐月按照工资表中的人员进行社会保险缴纳，有无人员漏缴，如果有需要查明原因，如确实是漏缴的，应提前计算补缴金额，这样会对社会保险的审计结果有一个心理准备。

（4）社保审计注意事项

- 注意基数核定范围：员工上一年度内（1—12月）所有的收入都需要列入基数核定之列，如各种奖金、年底双薪、提成、绩效工资、餐补、交通补贴等，只要是在这一年度内实际发放的税前工资，均需要列入基数核定之列；
- 特殊情况的人员要做好说明：如离退休返聘人员、兼职人员、实习生、聘用的外包人员、劳务人员等；
- 社保委托专业公司外包代为缴纳，应提供相关合作协议；
- 与会计师事务所审计人员沟通交流过程中要做到不卑不亢、以理服人。

6.社会保险审计问题处理

任何企业的社保管理都不可能做到百分百没问题或者绝对没有任何瑕疵，所以社保审计发现一些问题也是正常的，作为HR薪酬主管以及人力资源总监只需从容应对即可。

每个企业都会有一些特殊情况，而社会保险专项审计时间又非常短暂，所以HR薪酬专员要与社保审计人员保持良好沟通，不仅要正确理解审计人员提出的各项要求，还要深入与审计人员沟通各项补充证明的内容格式等，全面支持并积极配合审计人员的各项工作，如果有资料欠缺或理解不清的，要及时与审计人员沟通补充。

　　社会保险专项审计后，会由会计师事务所根据资料审查出具审计结果，这一审计结果会直接提交给人力资源和社会保障局。企业发现社保存在问题要及时澄清，如果社保审计报告要求部分人员补缴社保的，企业要全力配合，以免受到滞纳金的处罚。

第2节 | 五险一金日常解答

五险一金日常解答是一项非常烦琐的内容，建议人力资源部在企业内网设置常见问题解答或提问回答专区，或给全体员工发邮件告知常见问题解答。

日常管理中，下述问题需要归纳并形成《五险一金常见问题解答》，表12-2为企业管理中的五险一金常见问题。

表 12-2　五险一金常见问题

类别	员工最关心的常见典型问题
医疗保险	定点医院如何选择？ 定点医院如何变更？ 社保卡丢失如何补办？ 医疗门诊费用如何报销？ 住院费用报销需要提交哪些材料？ ……
养老保险	离开就业地区到外地工作，如何转移养老保险？ 退休后每月大概能领取多少养老金？ ……
失业保险	领取失业金需要满足什么条件？ 失业金如何申请？ 办理失业保险需要提交哪些材料？ ……
工伤保险	工伤的范围有哪些？ 发生工伤如何享受工伤保险待遇？ ……

类别	员工最关心的常见典型问题
生育保险	生育保险都有哪些待遇? 生育津贴大概能领取多少钱? ……
住房公积金	如何查询个人公积金? 第一次提取公积金需提交哪些材料? 什么时间可办理公积金提取? 多久到账? 将要离职, 公积金如何转移? ……

【提示】全国各地区社保政策有差异, 对上述问题的解答需要根据当地社保政策来完成。

第3节 | 离职补偿管理技巧

企业与员工协商解除劳动合同，或者劳动合同到期企业提出不续签，必须向劳动者支付经济补偿金。

经济补偿金谈判过程需要掌握以下技巧。

- 有理有据有节：如谈判前必须掌握员工绩效表现以及员工是否存在相关违纪方面的管理证据；
- 依法谈判：熟练掌握《劳动合同法》关键条款，防止个别员工谈经济补偿金时"狮子大开口"或者无理取闹；
- 换位思考：要让员工理解公司的处境、理解公司的困难，也要给员工台阶和思考时间；
- 合情合理：在尽可能节约补偿金的原则下，给员工的补偿金要合情合理；
- 趁热打铁：双方达成共识后要通过有效的书面《协议书》执行经济补偿，避免口头协议导致后续劳动纠纷。

关于协议书，范本如下。

表 12-3 协议书范本

协议书

（协议编号_____）

甲方（企业名称）：_____

乙方：_____（身份证号：_____）

甲乙双方经过平等、友好协商一致，自愿达成如下经济补偿协议。

1.劳动关系解除

甲乙双方经友好协商一致，双方的劳动关系自20＿＿年＿＿月＿日（以下简称"劳动关系解除日"）正式解除，尚未履行的劳动合同不再继续履行。

2.经济补偿金额

根据《劳动合同法》规定，甲方特向乙方支付离职补偿金＿＿＿＿＿＿元（大写为人民币＿＿万＿仟＿佰＿拾＿元整），于乙方办理好员工离职会签全部手续（以公司通用的《离职会签表》所有办理项目为依据）后10个工作日通过乙方工资卡支付给乙方。

3.离职交接安排

乙方于劳动关系解除日之前办理完毕所有工作交接及离职手续，在劳动关系解除日之前正式离开公司。

4.离职后续保密约定

双方的劳动关系解除后，乙方应继续履行签订《劳动合同》所附属《知识产权及保密协议》，保守甲方的商业秘密（包括但不限于甲方生产或经营上的所有计划、管理方式、资料，商业信息、客户名单、情报，甲方的人事管理方式、各种人事政策、文件及其他乙方在甲方工作期间获知的相关信息、资料等），否则甲方有权要求乙方承担相应的法律责任。

5.协议保密特别约定

本协议为双方签署的核心机密文件，如果乙方将本协议内容私自泄露给任何人，或者打听其他员工类似本协议的核心机密内容，应无条件退还已取得的离职补偿金。

本协议签署后双方不存在任何遗留问题，双方劳动关系于"劳动关系解除日"彻底解除。

本协议自甲乙双方签字（或盖章后）生效，协议签订地点在_____。

本协议一式两份，甲乙双方各执一份，具有同等法律效力。

甲方授权代表（签字/公司盖章）：

乙方（签字）：

双方共同签字日期：20××年　月　日

协议签订后公司要盖章以示企业的承诺，签订协议后企业要不折不扣地兑现自己的承诺。

第4节 ┃ 项目奖金管理技巧

奖金的管理既是管理技术又是艺术，提到管理技术就是要落实奖金的标准和指标，谈到艺术就是奖金必须要达到激励的目的和效果。

项目奖实施的目的是根据项目实施效果进行绩效考核，做得好的有奖励，做得不好的则要有明确说法。

在公司建立统一的项目奖励制度过程中，要重点考虑以下考核要素。

- 项目进度：项目明确的里程碑要求、验收要求进度等；
- 项目质量：是否符合公司的质量标准；
- 项目成本：包括人力成本、差旅费等；
- 项目实施规范性：是否遵循公司要求的实施规范；
- 客户满意度：通过客户满意度调查来确定。

1.项目目标奖励

对于目标特别清晰的项目，可设置项目目标奖励，通过《项目奖励政策审批表》来实现。

表 12-4　项目奖励政策审批表

申请人		所属部门	
奖励类型	□ 项目目标奖　　□ 特殊项目贡献奖励　　□ 其他：		
申请日期	年　月　日		
申请项目奖励原因			

考核依据 制度	
项目获得 奖励条件	
项目目标奖金	
项目参与人员 奖金分配规则	
奖励政策 审批栏	部门经理初审意见： □ 同意　□ 不同意，原因是： 　　　　　　　　　20　年　月　日
	人力资源审核意见： □ 同意　□ 不同意，原因是： 　　　　　　　　　20　年　月　日
	财务部审核意见： □ 同意　□ 不同意，原因是： 　　　　　　　　　20　年　月　日
	总经理意见： □ 同意　□ 不同意，原因是： 　　　　　　　　　20　年　月　日

2.项目考核奖励

对于实施周期比较长、项目实施难度和风险大的项目，可设置有效的项目考核激励。对于上述类型的项目，企业必须制定科学有效的《项目绩效考核管理制度》来规范项目奖。

参考制度范例如下。

实操范例 项目绩效考核管理制度

1.考核目的

规范公司项目考核管理流程，切实提高项目管理水平和实施效率，不断降低项目实施成本，提高公司经济效益。

2.适用范围和方式

本项管理制度适用于公司所有项目。

3.项目考核总体原则

● 鼓励团队作战和发扬团队精神的原则；

● 坚持公平、公正和公开的原则，考核过程全程透明；

● 坚持以事实为客观依据，定量与定性相结合的考核标准；

● 多劳多得的原则：参与多个项目则参与多个项目奖分配。

4.项目考核管理组织

（1）项目考核小组

为了确保考核公正性，项目考核小组由公司总经理、副总经理、技术总监、部门经理、人力资源总监、财务总监以及相关项目经理代表组成。

项目考核小组的主要职责如下：

● 负责项目考核申请的审批；

● 确定项目目标奖金：根据各种不同类型项目特征在启动考核时集体确定；

● 负责对考核变更的评审；

● 负责审批项目奖励政策；

● 负责项目计划评审；

● 负责项目预算评审；

● 负责监控项目进度执行情况；

● 负责项目结项报告评审；

● 项目管理过程中的其他事项。

（2）项目管理部

- 负责监督项目计划进度；

- 负责监督项目质量评审；

- 负责项目人员投入工时的审核；

- 项目验收后负责客户满意度调查；

- 负责项目成果及时配置入库；

- 负责项目实施存在问题/风险的推动解决；

- 负责文档规范及文档管理；

- 负责项目相关考核数据（证据）收集。

（3）财务部

- 负责项目预算的备案；

- 审核项目考核成本的及时核算，每月定期向项目公示；

- 负责编制项目阶段考核及验收后项目的成本核算。

（4）人力资源部

- 负责项目考核结果中对应人力资源奖惩的备案；

- 负责执行考核结果，即具体奖励发放、惩罚缴扣等。

（5）项目经理（即项目负责人）

- 负责编制《项目计划》；

- 负责编制《项目预算》；

- 负责项目成员的业务培训；

- 负责项目人力投入成本的控制；

- 负责组织项目实施和过程监控；

- 负责向项目管理部提出项目评审申请；

- 负责提交《项目周报》并统计项目组成员项目工时；

- 负责《项目周报》成员业绩评价；

- 负责项目奖金的分配。

5.项目考核实施流程

（1）项目启动考核

项目立项并任命项目经理后，凡是符合考核要求的项目，必须提交《项目计划》和《项目预算》，并作为考核的基础。在通过评审后，项目经理签署《项目绩效考核任务书》（含目标奖金金额的确认），之后项目正式启动考核。

（2）项目考核过程

● 项目经理每周必须向公司项目管理部按时提交《项目周报》，详细统计项目工时，同时对项目组成员做好绩效评价；

● 项目暂停和恢复：项目如果遇到特殊情况长期无法开展，可以申请暂停，一旦满足实施条件，可申请恢复，项目暂停期间进度不计，人力投入不计入成本，但是必须释放人力资源。

（3）项目结项

项目结束前必须向项目管理部提交《项目结项申请表》，之后开始启动项目奖核算工作。

6.项目绩效考核标准

项目考核参考标准如下：（《项目绩效考核任务书》的关键要点）

指标名称	考核标准	权重	考核指标计算方式
项目进度	项目进度是否延期	20%	延期 A 天以上为 0 分；延期 A—B 天为 25 分；延期 B—C 天为 20 分；延期 C—D 天为 15 分；延期 D—E 天为 10 分；进度超前为满分。
项目质量	项目评审（测试）	10%	《项目计划》中规定的评审或测试没有完成的评审扣 3 分，最低 0 分。
	项目文档编写	10%	项目提交客户文档不规范，发现 1 处扣 1 分。
项目实施成本	按项目预算来考核，包括人力成本在内	20%	不超过计划成本为满分；超过预算成本30%为0分；节约则有成本节约奖。
客户满意度	项目管理部在项目终验后负责调查，运用《客户满意度调查表》	20%	客户评分最高 100 分。本项实际得分 $=20\% \times$ 客户满意度调查成绩 $/100 \times 100\%$。

续表

指标名称	考核标准	权重	考核指标计算方式
项目监控	《项目周报》质量	10%	应按时提交《项目周报》并符合质量要求，没有提交 1 次扣 1 分。
	项目问题和风险报告	10%	项目遇到重大问题和风险要及时报告公司解决，凡是没有及时汇报的严重者每次扣 5 分，一般情况扣 3 分。
总分加减分	项目突出贡献奖	10 分	突出贡献主要包括：（1）项目有延期但是项目经理很快把项目进度款都收回加 5 分；（2）项目经理在原来的项目中帮助公司拓展了新项目加 5 分；（3）项目成果可推广和复用加 2 分；（4）重大技术创新加 3 分；（5）客户满意度极高加 3 分；（6）综合考虑项目考核公平性给予适度加分。
	项目重大管理失误	–10 分	项目重大失误给公司造成经济损失，酌情扣分，严重者扣 8—10 分，一般扣 2—5 分。
项目奖励资格一票否决制	项目获得奖励的前提是： （1）《项目计划》和《项目预算》最终通过评审； （2）项目经理提交《项目周报》不低于计划提交次数的 60%； （3）项目不能发生严重质量事故或者客户重大投诉。 凡是不符合上述条件的项目自动失去奖励资格。		

【提示】上述考核标准仅供参考，请结合公司管理实际调整。

项目考核分数与奖金关系：

项目评分	奖励评级	项目目标奖发放参数	备注
100 分以上	S	目标奖金上浮＝（实际得分 –100）%	200% 封顶
90—99 分	A	目标奖金 100% 兑现	90 分以上兑现全部
80—89 分	B	目标奖金兑现：80%—89%	
70—79 分	C	目标奖金兑现：70%—79%	
69 分以下	D	没有目标奖金	

项目奖金最终计算标准：

项目获得奖金=项目实施成本节约奖×30%+项目目标奖金×考核分数÷100×100%

其中：

● 项目实施成本节约奖=预算成本－实际成本

● 项目目标奖金：根据各种不同类型项目特征，在启动考核时由项目考核小组确定。

7.考核结项考核流程

通过客户验收（以客户书面签字的报告为依据）后项目正式结项。

（1）项目正式启动结项评审会之前需要提交的文件

● 项目经理需提交并讲解《项目结项总结报告》；

● 财务部需提交《项目成本数据汇总表》；

● 项目管理部需提交《项目绩效数据汇总表》。

（2）项目结项评审会评审后要形成的文件

●《项目奖金总额确定表》。

（3）结项评审会之后

项目经理根据《项目奖金总额确定表》，按照制度规定的原则完成《项目奖金分配方案审批表》，征求项目考核小组负责人意见后确定项目组内部成员奖金分配。

项目团队内部奖金分配原则：

按照多劳多得原则、个人日常绩效考核、项目实施重要度系数以及客户满意度等因素来确定，项目奖金分配要确保内部相对公平性。

8.项目奖励和奖金分配

《项目奖金总额确定表》和《项目奖金分配方案审批表》经过总经理审批后，提交人力资源部备案。

项目奖最终由财务发放。

9.项目考核变更

项目经理要提前预测风险，为项目实施预留足够的调整时间，项目计划变更必须提前2个月提出，且需由项目考核小组评审同意，否则变更无效。

10.项目考核相关记录

类别	记录名称	使用时机	使用人	制度要求
项目管理记录	《项目计划》	项目启动后	项目经理	必须评审
	《项目预算》	项目启动后	项目经理	必须评审
	《项目周报》	项目启动后	项目经理	定期提交
	《项目计划变更审批表》	项目变更	项目经理	必须评审
	《项目结项总结报告》	结项	项目经理	必须评审
	……	……	……	……
项目考核记录	《项目成本数据汇总表》	考核启动后	财务部	根据《项目周报》
	《项目绩效数据汇总表》	考核启动后	项目管理部	根据《项目周报》
	《项目奖金总额确定表》	正式启动考核	考核小组	
	《项目奖金分配方案审批表》	考核启动后	考核小组	

11.制度批准及生效

本制度经公司总经理批准后生效，最终解释权归人力资源部。

《项目绩效考核管理制度》的典型配套表单为《项目绩效数据汇总表》，如表12-5所示。

表 12-5 项目绩效数据汇总表

项目名称			
项目经理			
数据记录		所在部门	
考核数据提供日期	年　月　日		
考核结果记录跟踪			
类别	评价关键点	关键点日常记录	考核结果
项目进度			

续表

项目质量			
客户满意度			
项目质量			
项目成本控制			
项目突出贡献			
项目重大失误			
项目计划和预算变更记录	变更日期	变更内容	备注
项目绩效特别说明			

关于项目奖金审批，如表12-6所示。

表 12-6　项目奖金审批表

项目名称		项目经理	
项目计划启动日期		项目终验日期	
考核负责人			
考核启动日期			

续表

项目奖励资格确认	序号	获得奖励资格描述	是否符合奖励资格
	1	《项目计划》和《项目预算》最终通过评审	☐ 符合　☐ 不符合　☐ N/A
	2	项目经理提交《项目周报》不低于计划提交次数的60%	☐ 符合　☐ 不符合　☐ N/A
	3	项目不能发生严重质量事故或者客户重大投诉	☐ 符合　☐ 不符合　☐ N/A
	总体结论：☐ 项目有获得项目奖的资格　☐ 项目没有获得项目奖的资格 　　　　　☐ 无法确定　☐ N/A		

项目考核参数确认		参数	权重	业绩评价	评审小组评分	备注
	KPI 指标	项目进度	20%			
		项目质量	20%			
		项目实施成本	20%			
		客户满意度	20%			
		项目监控	20%			
		……	……	……	……	……
	加分	—	0—10 分			
	减分	—	0—10 分			
	项目评分	项目考核小组综合所有评委意见给出项目评分 ____ 分				
	项目实施成本节约奖	根据财务计算结果，项目有效节约费用估算为 ____元，按照制度项目应获得奖金为 ____元				
	项目目标奖	____元				
	实际获得目标奖金	____元				
	项目最终累计奖金	____元				

续表

项目考核 小组审核	评审小组成员（签字）：
	评审小组评审意见：建议项目奖金为＿＿＿＿＿元 考核小组负责人（签字/日期）：
总经理 审批	● 最终批准确定项目奖金为＿＿＿＿＿元； ● 其他意见或建议： 总经理（签字/日期）：

　　项目奖金审批后，通过规范的《项目奖金分配表》来实现奖金分配。

　　项目奖金在项目组内部分配要依据个人日常绩效考核、项目重要度系数来确定，项目奖金分配要确保内部相对公平性。

第5节 丨 **专项奖金管理技巧**

专项奖主要针对专门事项，采用一事一议的方式，目的是针对企业重大事项实施特殊激励，如科研攻关项目、公司战略项目、重大销售项目等。

专项奖的实施关键是掌握专项奖励的标准、考核指标，可以通过企业专项评审后发放奖金，核心目的是激励为重大事项做出贡献的员工。

表 12-7 公司专项奖励政策申请表

申请人		所属部门	
申请日期		年　月　日	
申请项目 奖励原因			
专项奖金获得 奖励条件			
申请金额			
项目参与人员 奖金分配规则			
专项奖 审批栏	部门经理初审意见： □ 同意　□ 不同意，原因是： 　　　　　　　20　年　月　日		
	人力资源审核意见： □ 同意　□ 不同意，原因是： 　　　　　　　20　年　月　日		
	财务部审核意见： □ 同意　□ 不同意，原因是： 　　　　　　　20　年　月　日		

	总经理意见： 　□ 同意　□ 不同意，原因是： 　　　　　　　　　20　年　月　日

【提示】上述表单可根据实际需要做调整。

专项奖在实际操作过程中要特别注意几点：一是奖励条件要明确不能含糊；二是一旦达到约定的条件，企业需要无条件兑现，否则必将打击员工积极性。

第6节 | 年终奖金管理技巧

每到年底，年终奖始终是员工最为关切的话题，干了一年，都希望年底多拿点奖金。最近几年来，诸如"土豪公司发年终奖，让员工限时用手抓人民币"等新闻吸人眼球。

作为员工，都希望自己的公司有年终奖发并且多多益善，但受各企业当年经营状况和企业老板管理思维的影响，大家的年终奖差异很大。

年终奖是企业薪酬体系的一部分，主要涉及年终奖方案设计、年终奖计算和年终奖发放三个关键环节。

1.年终奖方案设计

年终奖方案是企业在年初需要制定的"君子协议"，好的方案对员工和团队会起到一定的激励作用。为此，企业可通过《绩效考核管理规定》发布年终奖方案，或单独制定《××××年度年终奖管理办法》并在年初予以公示。

（1）年终奖方案设计原则

- 和企业当年经济效益挂钩；
- 按照当年对企业的贡献分配，坚持多劳多得；
- 公司给各部门定好总盘子，由各部门负责人根据年度总结和评分等参数负责组织分配；
- 要充分考虑年终奖对员工工作稳定性的影响。

（2）年终奖实施范围

企业制定严谨的年终奖实施范围，对于发挥激励的针对性和有效性非常重要。

企业年终奖一般适用于所有在编的正式员工，在当年度年终奖发放前，有下列情况之一的员工应没有年终奖（仅供参考）：

- 年度考核低于 70 分的；
- 当年入职累计低于 30 天的；
- 当年辞职或解聘者；
- 兼职或外包人员；
- 严重违反劳动管理纪律的；
- 被客户投诉过的；
- ……（根据企业实际需要补充）

（3）年终奖总奖金包计算

企业年终奖和年度盈利的毛利润挂钩，从年度毛利润中提取一定比例，参考模式如下。

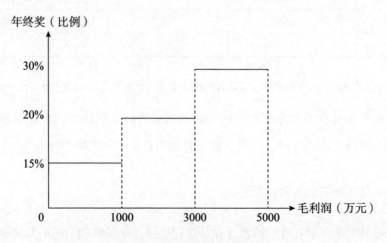

图 12-1　阶梯式年终奖提取示例

年终奖和企业经济效益挂钩，这种阶梯式的提取方式最为常见。

如果企业当年没有盈利是否该给员工发年终奖，这个问题非常现实。一般而言，业务部门（如营销部门）的年终奖应该和业绩挂钩，但是对于研发类和职能类的员工，如果没有给员工发年终奖，次年年初可能会导致核心骨干离职的现象，作为企业必须预防此类现象的发生。

如果企业当年没有盈利，但是实现了战略目标，同样建议设置年终奖。

（4）各部门分配规则预案

根据公司给的总盘子设计各部门的分配比例。

表 12-8　各部门分配规则示例

部门	分配比例（参考值）	总额（万元）	备注
营销	30%		由部门负责人分配
研发	25%		由部门负责人分配
职能	10%		由部门负责人分配
生产	15%		由部门负责人分配
……	……		……

【提示】表 12-8 仅为参考值，具体比例请企业自行研究确定，业界没有统一的标准。

年度奖金总盘子和分配比例由公司薪酬委员会共同决定。企业薪酬委员会由公司总经理、副总经理、各级总监、各部门负责人作为成员组成员。

（5）员工年终奖发放依据

影响员工年终奖发放的因素首先是部门业绩，通常部门业绩的好坏也会影响员工年终奖的系数，此外，主要影响要素是业绩考核，还有其他要素即员工年度考勤情况、加班时长、是否已转正、工龄、岗位与职务差别、关键事件加减分等。

2.年终奖计算

年终奖的计算规则和方案确定后，根据年度盈利数据进行核算即可。

例如，按照图12-1示例的年终奖提取比例计算：

- 如果企业年度毛利润为800万元，年终奖奖金包=800×15%=120万元；
- 如果企业年度毛利润为2000万元，年终奖奖金包=1000×15%+（2000-1000）×20%=350万元；
- 如果企业年度毛利润为4000万元，年终奖奖金包=1000×15%+（3000-1000）×20%+（4000-3000）×30%=850万元。

按照年初约定的各部门分配比例，经公司薪酬委员会根据年度考核做适当调整后，可以确定各部门奖金包，各部门在总体奖金包之下，根据下属员工的年度考核成绩、业绩表现等进行内部奖金调整，最终确定奖金初步分配方案。

奖金分配方案初步确定后，需要经公司薪酬委员会组织集体评审，确保符合公司年度奖金分配方案。

3.年终奖发放

俗话说"人心不足蛇吞象"，无论发多少年终奖都会有员工嫌少，多发的也不见得所有员工都满意，无论怎么发都有员工抱怨不公平，这对于企业老板而言也是心知肚明的事情。

年终奖发放后，如何降低年终奖发放带来的负面影响，这是企业HR必须认真思考的问题。

如何更好地降低年终奖发放所带来的负面影响，可以考虑以下关键要点。

- 年终奖必须和绩效/业绩挂钩，并且有年度考核结果公示；

- 严禁"一刀切"搞平均主义：做好做差都发放同样的年终奖，会让做得好的员工感到不公平；
- 避免奖金发放没有任何规则、没有标准、全凭老板一人说了算；
- 让员工知晓整个年终奖发放考评过程，让过程清晰和透明化；
- 设立年度奖金申诉机制，员工有不满和异议可向人力资源部申诉。

企业经营效益好，年终奖比往年多是好事，如果企业高管已经预见企业当年经营效益特别差，员工年终奖肯定要比往年少，应提前做好思想工作以稳定军心，以此来降低员工对年终奖过高的期望值，引导员工将全部精力放在未来业绩提升方面，尽最大可能减少员工的不满和抱怨，更要和核心骨干人员做好充分沟通避免核心骨干离职。

年终奖看起来和企业效益相关，事实上更和企业管理层的管理理念和价值观有关。

企业要建立和员工患难与共的经营理念，高管要和核心骨干做到同甘共苦，为此企业一定要在经营效益鼎盛时期给核心骨干员工超过预期的年终奖激励，让核心骨干感到极大鼓舞，这样当企业效益差、年终奖减少时，也更容易取得员工的理解和支持。

企业效益特别好的时候如果采用"平均主义"发放年终奖，企业效益好坏和核心骨干员工利益无关，那么在企业效益差的时候某些核心骨干肯定会与企业离心离德，这种没有利益捆绑的激励导致的后果也非常符合人性。

俗话说，"财散人聚，财聚人散"，对于企业领导者而言，每隔几年就向核心骨干员工提供振奋人心的年终奖激励，会让员工感觉在企业工作有前途、有奔头，抠门的老板则没有几个员工愿意跟着干，最终结局必然是树倒猢狲散。

第7节 ｜ 员工加薪管理技巧

薪酬成本微观控制的主要环节在于员工加薪、降薪以及面试薪酬谈判技巧的把握等。这些关键环节的把控是企业做好薪酬成本控制的有效举措。

员工主动向企业提出加薪，作为企业管理者必须明确考虑好加薪的原则，哪些该加，哪些不该加，以及在加薪过程中相应的对策。

1.企业在员工加薪过程中经常存在的问题

（1）没有规范的薪酬调解规范和制度

薪酬应该和任职资格、绩效考核结果关联，如果缺乏这些基本的制度支撑，加薪就变得非常具有随意性。如果缺乏统一的薪酬标准和严格的流程，将导致薪酬调整难以做到公平，没有公平性的薪酬调整不但起不到激励作用，甚至对员工士气和稳定性会产生破坏作用。

（2）加薪无法体现员工的核心价值

按理来讲，如果对员工有明确的考核制度，做得好的员工应当奖励，做得不好的员工应该惩罚。在加薪过程中如发生"厚此薄彼"，会破坏团队的凝聚力和向心力。

（3）加薪平均化或者"大锅饭"现象

有的企业尤其是国有企业的"大锅饭"现象向来比较严重，就连加薪也是简单处理，大家加薪幅度差不多，体现不出员工价值贡献的差别。"平均主义"

这种传统的薪酬做法往往得不到员工的认同，更不用说发挥其激励的效果，甚至会引发员工尤其是能力强的员工的不满。

（4）把加薪当万能药而忽视精神激励

薪酬机制是一门科学，同时也是一门艺术，运用得当的话可以充分调动员工的积极性和创造力，更好地为企业服务，创造双赢的局面。反之，如果加薪管理不规范，会让员工对企业感到非常失望。

2.企业在员工加薪过程中应坚持的原则

（1）公平原则

要综合考虑外部均衡、内部相对公平、过程公平以及结果公平，最终要兼顾效率与公平。

（2）激励原则

关键岗位人员的薪酬要有竞争性和激励性，对于核心骨干人员的加薪，不能采用"平均主义"。

（3）竞争原则

薪酬的外部公平性或者外部竞争性，体现为员工将本人的薪酬与在其他企业中从事同样工作的员工所获得的薪酬之间的比较，如果缺乏竞争则容易导致核心骨干员工持续流失。

（4）因人而异原则

人的能力和对企业的贡献都是有差别的，对应的收入也应该有差别，加薪应体现出员工之间的差别。

（5）绩效评价结合原则

员工要加薪，必须有绩效考核结果作为参考，防止加薪的随意性。

3.企业在员工加薪过程中相应的对策

（1）建立科学的加薪原则和标准

企业要建立科学的《薪酬管理制度》，该项管理制度中要有相应的加薪原则和标准，才能对员工起到激励作用，真正体现核心员工的价值。

例如，企业可建立任职资格标准，定期进行任职资格评价。此外，《薪酬管理制度》要和《绩效考核与激励管理制度》互相配套、互相支撑，对员工薪酬调整过程有明确的规定细则。上述关键制度的发布过程要严格遵循内容合法和流程合法，做到民主公示，以体现公司的管理权威。

（2）遵循人才市场价值规律

企业不能违背人力资本市场的价值规律。企业的收入分配还要实现与工作绩效的有效挂钩，加薪的作用才能得以发挥，要有一套完善的考核体系，尤其是那些难以量化的工作，要有有效的考核方法，这样就可以根据绩效确定加薪幅度。

企业的绩效工资在理论上具有最大的激励性，以绩效为基础的薪酬管理体系既能体现客观公平原则，又能最大限度地促进员工之间的合理竞争。

（3）建立多层次激励管理体系

人的需求是多层次的，物质需求只是最低层次的需求，因而加薪的作用是有限的，员工不断提出加薪会持续增加企业运营成本。

企业要站在人性化管理角度，为员工建设宽松和人性化的工作环境，通过企业的美誉度持续提升企业对人才的吸引力。此外，对员工及时有效的认可可以让员工有职业成就感。

（4）建立相关的加薪监督机制

可以通过上级和同级实施监督，引入监督机制保障薪酬管理制度的严肃性及有效执行。例如，企业员工绩效考核结果公开，做得好的及时表彰，要让员工感受到公司对表现优秀员工的及时认可。此外，核定员工绩效以确定加薪幅度时，可以采取民主评议的办法，这样可以避免由于上下级矛盾或过度亲密引起的过高或过低判断。

　　企业各级管理者要注意掌控加薪的处理艺术：在调薪时员工与企业之间存在微妙的博弈关系，既要稳定住员工，平衡好员工对薪酬的合理期望，又要降低公司的薪酬运营成本。

第8节 ｜ **员工降薪管理技巧**

对劳动者来说，选择工作时最重要的因素就是工资报酬。因此，《劳动合同》对劳动报酬的约定要相对比较明确，企业的三大制度，即《薪酬管理制度》《绩效考核制度》《任职资格管理制度》要公正透明，发布过程民主合法，这样在处理员工降薪问题时可以减少很多争议。

1.企业在员工降薪过程中应坚持的原则

（1）依法降薪的原则

在降薪操作过程中，除了双方协商一致变更的方法外，法律还赋予了用人单位单方变更工资的权利。

根据《劳动合同法》第四十条及相关规定，单方变更主要通过以下途径来实现。

- 劳动者由于不能胜任工作而被用人单位单方调整工作岗位。这一情形是基于"以岗位调整合法为前提，岗变薪变"的原则。此处的"不能胜任工作"包括身体原因和工作能力原因两个方面。根据《劳动合同法》第四十条的规定，当劳动者患病或非因工负伤，在规定的医疗期满后不能从事原工作，单位可以另行安排其他工作；劳动者不能胜任工作，单位可以调整其工作岗位，调整工作岗位后工资也得到相应的调整。

- 劳动者违反用人单位规章制度，依据规章制度给予降职降薪处罚。这一情形首先要求用人单位存在明确及合法的规章制度，并明确列举降职降薪处理的具体情形。规章制度的制定要符合法定程序，除此以外，单位的规章制度要对劳动者进行解释说明和公示。在依据规章制度处罚员工时，还要有充分的证据证明劳动者存在违纪行为。

● 企业采取结构性浮动工资的管理机制，在约定范围内进行调整。用人单位可以在劳动合同中约定工资由固定工资和浮动工资组成。固定工资包括基本工资、岗位工资、职位（职务）工资、技能工资等；浮动工资包括绩效工资、奖金以及提成等。既然是浮动工资，在劳动合同约定范围内就可以进行调整。

● 其他情形的单方变更。在企业管理实践中，一些地方解释及司法判例支持用人单位在劳动合同中特别约定用人单位的单方调岗调薪权。

（2）制度透明的原则

企业绩效考核与薪酬管理制度要透明规范、培训到位，确保所有员工对制度有清晰的了解和把握，作为 HR 部门要保留培训的证据。

（3）谨慎处理的原则

加薪很受劳动者欢迎，但是降薪过程必须慎重，用人单位出于种种原因对劳动者降薪很容易引发劳动纠纷。

（4）绩效确认的原则

依据绩效考核结果对员工进行降薪，要有相关确认或者通知的手段。

2.企业在员工降薪过程中相应的对策

● 绩效考核相关联的处理：员工降薪须严格依据绩效考核结果执行；

● 任职资格相关联的处理：员工任职资格级别下降可以降薪；

● 注意特殊群体的降薪：如女职工怀孕期间不能随意换岗降薪等。

第9节 ┃ **面试薪酬谈判技巧**

与面试者谈薪酬时该如何应对？特别是面对稀缺人才较高的报价时，谈判薪酬待遇有哪些技巧呢？

1.巧用《面试登记表》

应聘者在填写《面试登记表》时，需要填写以往工作经历中的薪酬待遇。HR 部门要认真留意分析其以往经历、职位和薪酬的匹配性问题，这些是薪酬谈判的基础信息。

应聘者在《面试登记表》中要填写"期望薪酬"和"最低可接受薪酬"两栏信息，从这两条信息的对比可以分析出应聘者求职的紧急程度，这是企业薪酬谈判的法宝。

2.注意薪酬谈判时机

在初试时，要避免和应聘者谈论薪资，只有对应聘者有充分的了解，同时让应聘者对企业及招聘岗位有一定程度的认识，进入复试环节才可以谈薪。

双方的沟通不够，招聘方就贸然说出薪酬数据会降低谈判成功的可能性。

3.深入研究不同岗位的人才供求关系

市场供求是决定人才市场价格的关键要素。对于供不应求的职位，薪酬待遇会很高；供大于求的职位，人才价格会低一些，这是人才价值的最核心市场规律。

企业招聘人员时要深入分析人才供求关系，只有掌握不同岗位的市场行情和供求关系，才能为企业薪酬谈判留下更多的空间。

如果应聘者条件优越，那么企业在给薪上必须大方些；相反，如果应聘者只是条件相当的可能人选之一，企业则可以把薪资压低些，并且延后谈论薪资的时间，以获得薪酬谈判主动权。

4.巧用薪酬待遇范围的概念

企业在招聘时常常直接询问应聘者的期望待遇是多少，一般而言应聘者都喜欢多要一些，这是人的本性使然。

有些企业喜欢在招聘之初就公布职位的薪酬范围，如在招聘广告中写明，这种做法有利有弊，对于大众化职位可能没有影响，但是对中高级职位公布薪酬有时候对企业不利。

如果应聘者询问招聘岗位的待遇，比较好的做法是告诉应聘者薪酬范围的下限及中间值，注意千万不要给最大值，否则薪酬就没有谈判的空间和余地了。

5.通过有效沟通引导薪酬预期

企业招聘员工的过程，本质上是"采购"的过程：以最合理的价格招聘到最合适的人员。

企业在薪酬谈判过程中，更重要的是对应聘者清晰地讲出企业发展前景、薪酬待遇方面具有竞争力和吸引人的地方（企业薪酬待遇的核心特色，特别是企业崇尚"多劳多得"的价值观以及代表案例），同时将企业薪酬的亮点告诉对方，尽量避免一开始就将企业的薪酬待遇底牌亮出来。

一个让应聘者更加心动的发展前景、更加公平的用人机制以及更加科学的薪酬待遇结构，会让应聘者提升对企业的满意度，一旦应聘者对企业满意度提升，自然对薪酬的期望会降低。

企业在进行薪资谈判过程中，要特别注意以下几点。

- 要向应聘者清晰阐述本企业的薪资结构，同时要了解应聘者的期望薪资待遇和他曾经的薪资待遇（要有渠道和能力判断过去薪酬的合理性），同时知道同类人才的社会平均薪资。在充分调查、知己知彼的基础上，企业就掌握了谈薪的主动权，与应聘者谈判时可以降低应聘者的心理预期，使应聘者主动降低薪资要求。

- 要和应聘者清晰阐述本企业的报酬并不只体现在薪资上，还涉及企业的若干福利待遇，如可以向应聘者阐述企业"整体薪酬"待遇体系，虽然职务的基本底薪比应聘者的预期低，但是企业佣金及年终奖金比一般企业高，要让应聘者看到努力后的奋斗价值，以增强对应聘者的薪酬待遇吸引力。

- 薪酬谈判时要及早掌握应聘者最关心的是什么，要了解他们重视的其他条件是什么。对某些应聘者而言，弹性的上下班时间及企业良好的发展平台、良好的发展前景、良好的培训机会、人性化的管理环境等，虽然不是直接薪资报酬，但可能是其更加在意的地方。

6.善用心理战术

无论多么紧缺的人才，在薪资谈判阶段都不能操之过急，要充分利用时间维度来解决问题。当人才的薪资预期比企业薪资水平高出很多时，也不要轻易放弃，必要时也要出点难题考验一下应聘者。有一位经理看上了一位很优秀的人才，非常想录用他，但应聘者的自信心太强，要价较高。于是，经理在谈判过程中出了几道专业领域里面的难题，应聘者答得不好，自信心锐减，就这样薪资很快谈了下来。所以，薪资谈判是心理战，更是耐力战和智慧战。

7.巧妙运用欲擒故纵的方法

对那些漫天要价的求职者可采用"故意降低法"，在企业认为可行的薪酬待遇范围内直接选择低位薪酬待遇，通过有效引导把应聘者可接受的待遇"底价"

摸清。

事实上，如果招聘负责人做招聘的经验足够丰富，对每位面试人员值多少钱心里都是有数的（必须有谈判的底线）。当应聘者把他的底牌亮出来以后，招聘人员再进行谈判就轻松多了，如果应聘者同意这个最低薪资，企业可采用"多付一点点"的方式来搞定。

作为 HR 不要采用拼命压价的方式进行薪酬谈判。如果企业拼命压低求职者的工资，就很难长久留住人才。企业在招聘过程中做薪酬谈判的目的是取得一个平衡，剔除虚报高薪的情况。

第13章

薪酬管理趋势——
请借我一双慧眼

导语

　　薪酬管理趋势和企业经营环境相关，企业必须在复杂的经济和市场环境下寻求变革以获得生存和发展。俗话说，"没有永恒的企业，只有时代的企业"，我们发现凡是发展好的企业都在积极寻求变革，企业只有与时俱进，在时代变革中进行有效的内部管理改革，才能在竞争激烈的市场环境下得到发展和壮大。

带着问题阅读：

- 企业经营的环境分析
- 薪酬管理的主要挑战
- 薪酬管理的主要趋势

第1节 ┃ 企业经营的环境分析

近年来随着"大众创业、万众创新"的持续深入开展，国内企业如雨后春笋般涌现，但不可否认的是我们必须看清企业在经营环境方面遇到的瓶颈和阻力。

1.互联网对实体经济发展的冲击

互联网对实体经济发展的冲击是大家有目共睹的事情，如我们最常用的网络购物，一方面网络购物使大家足不出户就可搜索购买物美价廉的商品，另一方面网络价格公开透明的环境使商品利润日趋透明。

很多实体企业和实体店受房租和人工成本的影响经营日趋困难，必须走线上线下结合的路线。但不可否认的是，互联网对实体企业发展的冲击显而易见。

作为企业要科学利用互联网+寻求管理创新，主动谋求变化，只有这样才能成为时代的企业。

2.人力成本持续提高

近年来受高房价、高房租以及物价上涨的冲击以及劳动力结构的变化，很多企业的人工成本正在不断上涨。特别是随着国内GDP增长放缓和人工成本不断提高，企业经营压力越来越大。企业人工成本的增长主要体现在薪资负担持续增加，如各地区的最低工资标准和平均工资标准每年都在上涨。以北京市为例，近十年来北京市社会平均工资基本以10%左右的比例在增长，而员工工资的上涨也带来企业社保费用的同步上涨。

3.稀缺人才竞争加剧

很多高新技术企业受行业人才竞争战的影响，不断提高薪酬水平来吸引人才，导致传统行业的优秀人才流入新兴行业，而传统行业为了保持竞争力也不得不提升薪酬水平，结果是企业人力成本普遍提高。

目前，我国正在给很多企业减税降费，这些举措对企业发展利好，但是需要说明的一点是，大的环境还是客观存在的，短期内不会轻易改变，我们要正视客观环境并做好变革准备，看清趋势，多措并举，让企业发展基业长青。

第 2 节 ┃ **薪酬管理的主要挑战**

1. 高人力成本难以为继

企业用人成本不断上涨给企业的人力资源管理和企业经营管理都带来了巨大冲击，高人力成本短期内难以改变，在国内经济增速放缓的大环境下，既然高人力成本难以为继，必须寻求管理的变革，企业盈利空间增长有限，必须从企业经营战略高度审视薪酬管理和利益分配新举措。对很多小微企业而言，如何活下来是硬道理；对大中型企业而言，如何做到未雨绸缪，提前规划好薪酬变革，提前做好各项应对举措，这些都在考验企业人力管理的能力。

2. 员工流动导致薪酬透明化

近年来随着国内企业人才竞争市场化，各行业人才自由流动已经成为一个普遍的现象，这种流动也导致企业之间薪酬管理透明度的增加，传统的薪酬保密机制逐步失灵，人才大战造成企业为保留人才不得不增加更高的成本。

薪酬透明化体现在多个方面：一是高端人才市场价格透明，很多公开的招聘网站造成价格透明化；二是企业在薪酬管理方面的创新方法很快被竞争对手获悉并模仿。

企业薪酬管理的透明化对企业薪酬管理提出了更多的挑战，如很多企业原有的薪酬保密制度很难执行，薪酬管理内部和外部的公平问题难以平衡。

3. 核心人才薪酬竞争白热化

目前国内很多高新技术企业人才流动非常频繁，特别是稀缺人才竞争白热化，薪酬水涨船高，有的企业不惜重金引入核心高端人才，传统企业在薪酬管理方面不得不进行调整，以避免核心人才的流失。

如何通过薪酬战略实施策略、调整薪酬结构、重新制定薪酬制度加强对高端人才的吸引力，已经成为很多企业人力资源管理的重要课题。

第3节 ┃ **薪酬管理的主要趋势**

对于趋势的预测，向来是一件"仁者见仁，智者见智"的事情，但是作为一个多年来战斗在企业人力资源管理第一线的 HRD 老兵，笔者还是做一下预测分析供大家参考，希望对各位同人在推动变革让企业基业长青方面有所帮助。

1.薪酬管理机制变革是大势所趋

前面我们阐述过，高人力成本导致企业利润日趋下降，企业盈利空间紧缩，只有变革才能得到新的发展出路。

目前国内很多企业引入"阿米巴"或"合伙制"，如海尔的"人人都是CEO"以及华为的"班长的战争"，其本质都是阿米巴经营机制。

这种经营机制变革的核心思想是，通过对现行组织进行划分并建立适合企业的阿米巴经营模式，实行各阿米巴独立核算，确定各阿米巴组织的业绩底线，规定平台和阿米巴团队乃至团队内的利益分配比例。

华为每个产品线都有自己的费用包比例，在挣得净利润后按照一定比例上缴公司，一定比例用于薪酬分配，这些都是有规定的。

2.薪酬分配与团队利益挂钩

薪酬支出的本质是利益分配，企业盈利才能更好地做利益分配。企业薪酬必须与团队乃至个人绩效挂钩、薪酬投入必须与企业效益产出挂钩，这样才能保证员工与企业的长期稳定发展。

薪酬分配如何与团队乃至个人利益挂钩，业界有很多典型做法，如海尔在弹性薪酬管理方面非常具有标杆意义，其推行"人—单—酬一体化"管理，所有员工的薪酬由其面向市场创造价值的多少来决定。

员工薪酬要和个人创造价值关联，向市场要效益。华为也提出"费用包"管理，按照产品线效益一定比例下放薪酬费用包。

很多企业内部实行"事业部"编制，企业各事业部业绩独立核算，自负盈亏，引入超额利益分享机制，这些典型做法都值得大家学习。

还有很多企业引入"薪酬包"，按照团队完成任务的情况进行整体激励，小团队化管理是趋势，薪酬管理也要与时俱进做好灵活应变。

薪酬分配的本质是利益协议，如何做好团队、个人利益分配协议，这是企业各级管理者，特别是薪酬管理者必须站在企业全局深入思考和实践的问题。

3.薪酬竞争的个性化和差异化

在全新的市场竞争格局中，很多人才对于企业薪酬的需求体现出个性化和差异化。

企业薪酬构成要多元化，薪酬激励方面更要有多维度设计，如对销售人员的薪酬激励，可以采用不同类型设计体系，"底薪+提成""底薪+岗位+提成"……这些模式可以满足不同销售人员差异化的需求。此外，对于企业通用人才、核心骨干人才的薪酬激励不能"一刀切"，要采用不同的策略。

业界流行的"宽带薪酬"本质上就是薪酬差异化和多元化的表现，在宽带薪酬实施过程中，企业内部的薪酬职级和等级比传统的薪酬职级少得多，特别适合扁平化的组织结构，有利于企业从市场吸引人才，让企业各部门内部经营更有灵活性，给那些能力突出、业绩优秀的员工提供了更为宽阔的薪酬空间。

4.企业更加注重薪酬长期激励

在薪酬管理中还有一个趋势就是对核心人才的长期激励。近年来，很多企业都开始关注并将长期激励应用在员工激励中，其中以股权激励为主，主要表现形式分为全员持股计划、MBO（管理层收购）、员工期权、核心人员持股等。

长期激励作为高端人才的"金手铐"，主要作用在于提高企业吸引力，有效保留关键人才，将企业利益与员工利益挂钩，激励员工关注企业利益，最终实现共发展、共成长，实现个人、团队和企业的共赢。

长期激励多以股权激励形式出现，让员工有企业主人翁责任感，员工由单一的打工者变为企业拥有者，员工身份的转变也激励员工从企业的发展高度考虑问题。

很多企业为了留住关键人才和技术、稳定员工队伍，在薪酬方面表现为越来越重视对核心技术人员和管理专家的长期激励，这些企业通过对核心人才的某种股权安排，实现对他们的长期激励。

5.核心高管人才的协议薪酬

随着人才竞争的加剧，网罗优秀的人才已成为企业 HR 招聘的重点。但是高级管理人才的薪酬有可能会突破企业现有的薪酬体系，为了吸引专业人才，很多企业尝试采用"协议薪酬"的方式，薪酬套餐可定制并且和绩效挂钩。

协议薪酬在实践中必须和业绩贡献挂钩，可以理解为"对赌协议"，如果被考核者实现业绩则企业按照协议兑现承诺，如果被考核者没有实现业绩目标则企业将按照协议执行未兑现部分的承诺。

事实上，很多企业高管或者外部引入的稀缺人才可以采用协议薪酬方式，最大限度地对他们做好激励。

6.新技术引入对薪酬管理的影响

随着移动互联网、大数据、云计算和人工智能等新技术的引入，我们的日常工作和生活都在发生很大的变化。这些新技术对人力资源管理乃至薪酬管理事实上也在潜移默化地发生渗透和影响。

历史上每一次技术革命都会造成一定冲击，新技术应用对于薪酬管理的首要冲击就是日常薪酬管理，很多企业采用 E-HR 进行薪酬的日常核算、发放、查询、统计分析，未来移动互联网、大数据和人工智能会大大降低薪酬管理难度，不断提高员工对薪酬管理的满意度，此外这些新技术会不断提高企业的薪酬分析决策能力。

作为企业管理者，我们要对这些新技术持积极开放的心态，迎接新技术的变革。

后　记

薪酬经理职业发展与自我修炼

谈到职业发展和人生规划，笔者这里想说的是，人生必须规划，没有规划就会失去方向，没有规划就会感到困惑和迷茫，此外还要有实现规划的雄心和行动。

如果你还没有做好清晰的规划，那么首先要做的是选择好职业通道，在职业发展上可以"走一步看三步"，总之如果你对自己的人生目标不清晰，那么职业上就会随波逐流。如果在职业发展目标上你连想都不敢想，那么你的职业发展只能原地踏步，或者靠机会和运气来驱动。

作为企业薪酬经理，职业如何发展和定位，如何规划自己的职业发展，笔者在这里简单阐述一下职业发展路径，供大家参考。

从任职资格角度，很多刚开始做薪酬的人员（如大学毕业生），要从薪酬助理做起，之后做薪酬主管（或专员），发展到薪酬经理，继续往上发展到人力资源部经理，再往上发展到 HRD（人力资源总监），乃至 HRVP（人力资源副总）或总经理，这是最经典的发展路线。

在这条职业发展通道和路线上，每项任职资格发展节点对职位有何具体要求呢？表1对这些要求做概要阐述。

表 1　薪酬经理职业发展节点的任职要求

职位	基本能力要求	知识素质要求
薪酬助理	协助部门经理做薪酬，适合刚刚涉足薪酬管理的入门者（1 年内）	了解薪酬管理和人力资源基础
薪酬主管（或专员）	做工资表、发工资，缴纳社保公积金，企业福利日常管理，考勤管理	掌握薪酬管理和人力资源基础

职位	基本能力要求	知识素质要求
薪酬经理	薪酬制度流程设计，薪酬发放日常管理工作	精通薪酬管理和人力资源管理
人力资源部经理	管理好薪酬经理并做好支持，做好薪酬数据分析	精通薪酬管理知识和人力资源各个模块的知识，掌握公司发展战略知识
人力资源总监	薪酬战略、薪酬模式、薪酬成本控制、企业高管薪酬和绩效考核设计、薪酬激励和薪酬文化建设	精通人力资源所有模块，清晰掌握公司发展人力资源战略

上述路线是薪酬经理在企业里的发展路径，从表1我们可以看出，越往上走，对个人能力和素质要求越高，这也是自我修炼的路线。

笔者要谈到的第二个问题是自我修炼问题，作为薪酬经理，如何通过有效修炼快速提升个人职业素质，实现自己的职业梦想？这里涉及如何体现个人职业化管理价值的问题，更要思考作为人力资源管理者如何体现专业化管理价值。

如何体现人力资源专业化管理价值？如何做好自我修炼？笔者认为，薪酬经理作为职业经理人必须以"一个中心目标，两个管理意识，三个关注层面"为导向持续提升个人综合素质。

（1）一个中心目标：专业化体现管理价值

人力资源要成为企业发展战略的推动者，其所有工作必须紧密围绕企业的经营管理展开，以体现专业化的管理价值。

作为薪酬经理，要思考企业的薪酬工作如何做得更有价值？薪酬工作体现的价值点可以借鉴参考以下几点。

- 企业薪酬成本控制策略；

- 企业薪酬风险控制；

- 企业薪酬制度流程优化；

- 外部薪酬调研及合理化建议；

- 企业薪酬结构优化；
- 企业薪酬管理效率提升；
- 企业薪酬和绩效体系设计；
- 企业薪酬体系优化；

………

上述最核心的目标是体现专业化的管理价值，薪酬工作必须围绕核心价值展开。

（2）两个管理意识：客户意识和服务意识

- 客户意识：薪酬经理要真正将业务部门当成自己的客户，要了解业务部门的薪酬管理需求，只有有了这种客户意识并满足业务部门的需求，才能真正体现薪酬管理工作的价值；
- 服务意识：薪酬管理工作的价值是通过业务部门来实现的，要切实满足业务部门对 HR 工作的需求，不断提高实际工作水平。

（3）三个关注层面：管理层、中层经理和员工

在薪酬管理方面，企业管理层、中层经理和员工代表了三个不同的群体，他们的需求及关注的结果是不同的。

- 管理层关注公司最终的业绩：如果公司的业绩不好，其他什么都谈不上，因此薪酬经理要关注公司老板在想什么？从哪些方面能够帮助公司达成业绩？如何控制企业人力薪酬成本以提升企业效益？
- 中层经理关注的是自己部门的业绩指标是否能完成：薪酬经理需要考虑从哪些方面能够帮助中层经理完成自己的业绩？薪酬成本 KPI 考核指标如何实现？如何辅导部门经理做好员工加薪和降薪管理并保持队伍稳定性？

- 员工主要关注的是自己的个人业绩指标及职业发展：薪酬经理要掌握薪酬谈判的管理技巧，善于引导员工的薪酬期望等。

此外，作为薪酬经理，要认真研究人力资源管理的使命和价值，围绕 HR 的核心价值展开有效的工作，这样才能做好自我修炼的基本功，才能在职业发展通道中进行有效修炼直线发展，最终实现自己的职业梦想！

图书在版编目 (CIP) 数据

老 HRD 手把手教你做薪酬：精进版 / 贺清君著 . —
北京：中国法制出版社，2022.3
（老 HRD 手把手系列丛书）
ISBN 978-7-5216-2382-6

Ⅰ . ①老⋯ Ⅱ . ①贺⋯ Ⅲ . ①企业管理－工资管理
Ⅳ . ① F272.923

中国版本图书馆 CIP 数据核字（2021）第 280896 号

责任编辑：马春芳　　　　　　　　　　　　　　封面设计：汪要军

老HRD手把手教你做薪酬：精进版
LAO HRD SHOUBASHOU JIAO NI ZUO XINCHOU : JINGJINBAN
著者 / 贺清君
经销 / 新华书店
印刷 / 三河市紫恒印装有限公司
开本 / 730 毫米 × 1030 毫米　16 开　　　　　　　印张 / 14.5　字数 / 205 千
版次 / 2022 年 3 月第 1 版　　　　　　　　　　2022 年 3 月第 1 次印刷

中国法制出版社出版
书号 ISBN 978-7-5216-2382-6　　　　　　　　　　　定价：59.00 元

北京市西城区西便门西里甲 16 号西便门办公区
邮政编码：100053　　　　　　　　　　　　　　　传真：010-63141600
网址：http://www.zgfzs.com　　　　　　　　　　编辑部电话：010-63141822
市场营销部电话：010-63141612　　　　　　　　印务部电话：010-63141606
（如有印装质量问题，请与本社印务部联系。）